Literatura e Música

Coleção Debates
Dirigida por J. Guinsburg

Equipe de Realização – Revisão: Tania Mano Maeta; Produção: Ricardo W. Neves, Heda Maria Lopes e Maria Amélia Ribeiro Fernandes.

solange ribeiro de oliveira

LITERATURA E MÚSICA

MODULAÇÕES PÓS-COLONAIS

EDITORA PERSPECTIVA

Direitos reservados à
EDITORA PERSPECTIVA S.A.
Av. Brigadeiro Luís Antônio, 3025
01401-000 – São Paulo – SP – Brasil
Telefax: (0--11) 3885-8388
www.editoraperspectiva.com.br
2002

SUMÁRIO

Observações Preliminares 9

PARTE I: CONSIDERAÇÕES TEÓRICAS

1. As Relações entre as Artes: Introdução 21
2. Literatura e Música: Ligações Perigosas? 33
3. Literatura e Música: A Melopoética e sua
   Tipologia 43
4. Uma Questão Preliminar: A Música É uma
   Espécie de Linguagem? 51

PARTE II: A CONTRIBUIÇÃO DA LINGÜÍSTICA E DOS ESTUDOS
LITERÁRIOS PARA A ANÁLISE MUSICAL

1. A Lingüística e a Análise da Obra Musical 63
2. Os Estudos Literários e a Análise Estrutural
   da Obra Musical 69
3. A Estética da Recepção e a Análise da Obra
   Musical 81

4. A Crítica Cultural, a Crítica Feminista e a Análise
   da Obra Musical............................ 93

PARTE III: A CONTRIBUIÇÃO DA MUSICOLOGIA PARA A
ANÁLISE DA OBRA LITERÁRIA

1. Literatura e Música: Reverberações Simbolistas
   & Mais..................................... 107
2. A Melopoética Estrutural: Tema e Variação no
   Texto Literário............................ 117
3. A Melopoética Estrutural: Contraponto, Fuga e
   Rapsódia no Texto Literário 125
4. A Melopoética Estrutural: A Forma Sonata e o
   Texto Literário............................ 131
5. Além da Melopoética Estrutural 141
6. A Melopoética Cultural 147

PARTE IV: MODULAÇÕES PÓS-COLONIAIS: A METÁFORA
MUSICAL NA FICÇÃO CONTEMPORÂNEA

1. A Canção Caribenha e a Opressão Neocolonial:
   A Feminização do Sujeito Colonizado 159
2. Metáfora Musical e Identidade Nacional: Antonio
   Callado, Wole Soyinka, Hazel Campbell......... 175
3. MPB, Resistência e Homossexualidade em *Stella
   Manhattan* de Silviano Santiago 189
4. A Origem da Música e a Música das Origens:
   Los Pasos Perdidos de Alejo Carpentier......... 201

Bibliografia................................... 213

8

OBSERVAÇÕES PRELIMINARES

As aproximações entre as artes sempre fascinaram os estudiosos do fenômeno estético. Datam da antigüidade algumas metáforas célebres, atribuídas por Plutarco a Simônides de Ceos: a pintura é poesia muda, a poesia, pintura falante, a arquitetura, música congelada. A frase inicial da *Ars Poetica* de Horácio, *Ut pictura poesis*, que, no sentido estrito, relaciona literatura e artes plásticas (*a poesia deve ser como um quadro*), acaba por representar genericamente os estudos voltados para as afinidades entre as artes, sublinhando a relação da literatura ora com um ora com outro dos sistemas artísticos. O neoclassicismo enfatizou o paralelo com as artes visuais, suplantadas pela música durante o período romântico, para o qual Jon de Green cunha a expressão *Ut musica poesis*. A tendência à abstração de certas vertentes da arte contemporânea propicia outra variação da frase horaciana, que passa a ser *Ut musica pictura*, indicando a aproximação entre as artes visuais e a música, a mais abstrata das manifestações estéticas. De um ou de outro ângulo, da antigüidade a nossos dias, os compêndios e estudos críticos recorrem continuamente a referências mútuas entre as artes. A longa tradição horaciana deságua agora em tendências recentes da literatura comparada, que encorajam os recortes interdisciplinares: lidos paralelamente, textos gerados por diferentes sistemas sígnicos mutuamente se enriquecem e iluminam.

Não se contentando com aproximações intuitivas, os comparatistas atuais buscam fundamentação teórica para a prática ininterrupta das leituras intersemióticas. Segundo alguns, a unidade fundamental das artes é demonstrada pelo registro histórico, remontando a um passado remoto, quando dança, canto e poesia constituíam uma obra de arte global, posteriormente segmentada em sistemas distintos. A hipótese empírico-psicológica oferece outra explicação: as artes seriam extensões dos sentidos, no tempo e no espaço, o que justificaria seu encontro na percepção humana. A confluência pode ser explicada também pelo fato, sustentado por semiólogos como Michel Butor e Roland Barthes, de que o objeto artístico exige uma "leitura", uma interpretação, que passa necessariamente por um denominador comum, a linguagem verbal. Essa visão harmoniza-se com a perspectiva semiótica, que toma as artes como diferentes tipos de linguagem, interligados por estruturações equivalentes.

São semelhantes as conclusões de Susanne Langer. Em *Philosophy in a New Key*[1] e *Feeling and Form*[2], a filósofa norte-americana sustenta que as diferenças entre as artes não se devem aos diversos meios materiais ou métodos empregados, mas ao que ela denomina a "aparição primária", ou visão particular da experiência, projetada em cada arte. Langer sustenta que a aparição primária de uma arte pode manifestar-se secundariamente em outra, estabelecendo um terreno comum que possibilita a comparação. Assim sendo, o elemento temporal, essencial à música, aparece secundariamente nas artes visuais, que têm o espaço virtual como aparição primária. Em compensação a música, cuja aparição primária é um tempo virtual, determinado por formas sonoras em mo-

---

1. Trad. bras., *Filosofia em Chave*, Perspectiva, São Paulo, 1971.
2. Trad. bras., *Sentimento e Forma*, Perspectiva, São Paulo, 1980.

vimento, pode incorporar a dimensão espacial, como ocorre quando a organização harmônica de um acorde sugere um espaço localizado dentro de uma escala ideal. Langer menciona também princípios comuns de organização detectados em objetos artísticos de natureza diversa, mas atribui maior importância ao que denomina o ponto de "abstração última", ou "transcendência", atingido quando uma criação artística produz efeitos semelhantes aos que caracterizam outra arte. É o caso, segundo a filósofa, dos *Arabesques* de Schumann. O vaivém de melodias entrelaçadas nessa composição evoca não apenas desenhos – arabescos – na arquitetura ou escultura árabe, mas a impressão de um pensamento elaborado, sem princípio nem fim, ou de um movimento labiríntico, embora isento da sensação de tontura.

Outros teóricos preferem enfatizar as equivalências estruturais – ou homologias – que apontam para um espaço cultural comum, conforme já reconheciam os formalistas russos e insistem os teóricos da crítica cultural. Os estilos de época manifestados sincronicamente nas várias artes exemplificam essa homologia, bem como a ideologia subjacente. Assim, os princípios de ordem, clareza, simetria e equilíbrio, característicos da poética neoclássica, direcionam também as artes visuais e a composição musical de estilo equivalente, remetendo à ideologia de uma sociedade rigidamente hierarquizada, na qual desigualdades e injustiças seriam justificadas pela exigência de uma ordem superior, de origem divina, e, portanto, irrefutável.

Nesse vasto campo de investigação interdisciplinar, favorecido pelo rompimento de barreiras característico do pós-modernismo, interesso-me sobretudo por um objeto de atenção crescente: o estudo das relações entre a literatura e a música, que Steven Paul Scher denomina melopoética. Como Scher e outros especialistas, do pioneiro Eugene Souriau a Jean-Louis Cupers e Guy Scarpetta, nossos contemporâneos, acredito que uma estética intersemiótica, que inclui a melopoética, ao sublinhar diferenças e semelhanças, contribui para a investigação da natureza específica de cada arte e do fenômeno estético em geral, além de representar uma resposta para as incertezas e rupturas da arte contemporânea.

As vantagens das pesquisas interdisciplinares não eliminam suas dificuldades. Neste livro, após uma breve menção aos estudos representativos que, a partir do século XVII, buscam analisar a literatura e a música por meio de referências recíprocas, discuto os múltiplos obstáculos encontrados pelo pesquisador, sobretudo a necessidade da competência dupla, tanto na área da musicologia como na dos estudos literários. Preocupa-me também a falta de uma terminologia e de uma metodologia unanimemente aceitas – que fazem da melopoética uma "disciplina indisciplinada", na expressão de Scher – bem como o perigo das aproximações fantasiosas, não fundamentadas por conceitos precisos. Outra questão preliminar diz respeito à indagação sobre se a música constitui realmente uma espécie de linguagem.

A necessidade de delinear o campo da melopoética e suas linhas de pesquisa leva à busca de uma tipologia. Nesse aspecto, parece útil – embora ainda incompleta – a proposta de Scher, resumida no diagrama reproduzido na p. 47. Scher distingue três tipos de estudos, classificados de acordo com a natureza do objeto. O primeiro tipo visa à composição constituída simultaneamente pelo texto verbal e o musical, como o *lied*, a ópera ou a canção. Os dois outros pretendem, respectivamente, estudar os aspectos literários da composição musical ou, pelo contrário, elementos musicais presentes na obra literária. Adaptando o esquema de Scher, e complementando-o com sugestões de outros pesquisadores, proponho três divisões básicas para a melopoética:

1. Estudos que contemplam a *música e literatura*, isto é, criações mistas que incluem simultaneamente o elemento verbal e o musical. Destacam-se aí a ópera, especialmente o drama musical de Wagner, o *lied*, a canção, em geral, bem como investigações sobre a sinestesia, a melopéia e aspectos acústico-musicais da linguagem verbal.
2. Estudos focalizando a *literatura na música*, ou estudos literário-musicais, que recorrem a conceitos ou procedimentos de crítica literária para instrumentalizar a análise musical. Como objetos de pesquisa, destacam-se aqui a música programática, que aspira reproduzir o efeito de uma

narrativa ou descrição literária; a presença do narrador onisciente na ópera de Wagner; o papel do solista como protagonista; o uso de citações e diálogos em composições sinfônicas ou na música de câmera e a imitação de estilos literários pela música.

3. Finalmente, os estudos de maior interesse para a literatura, que denomino músico-literários, também indicados pela expressão *música na literatura*. Entre os vários objetos de análise encontram-se: a música de palavras; recriações literárias de efeitos musicais ("música verbal", na terminologia de Scher); a estruturação de textos literários sugestiva de técnicas de composição musical, como na utilização, deliberada ou intuitiva, da forma sonata, do contraponto e de tema e variação; o papel de alusões e metáforas musicais na obra literária, aí incluída a figura do músico.

Essas questões iniciais, que definem e situam a melopoética, suas vantagens, dificuldades e tipologia, compõem a primeira parte deste livro, denominada "Considerações Teóricas".

A segunda parte – "A Contribuição da Lingüística e dos Estudos Literários para a Análise Musical" – contempla a utilização, para a análise musical, de abordagens inspiradas em estudos lingüísticos e literários, como a análise estrutural, a estética da recepção, a crítica cultural e a crítica feminista. Nos capítulos que constituem a terceira parte do livro, inverto o procedimento adotado na segunda parte, e descrevo a contribuição da análise musical para os estudos literários. Discuto, entre outras, a análise de textos literários do simbolismo, inspirados em analogias musicais, ou estruturados à semelhança de formas musicais como a rapsódia, tema e variação, e a forma sonata. Tentando não negligenciar a arte experimental, incluo no capítulo 5 da terceira parte algumas reflexões sobre obras literárias ou musicais que desafiam os padrões habituais de análise.

A busca de homologias, subjacente a estudos dos vários tipos mencionados, mostra-se mais estimulante quando revela equivalências estruturais entre as artes e a realidade sociocultural circundante. Concordando com Scher, considero particularmente fecunda a combinação de uma análise formal

13

com a crítica cultural: longe de se mostrarem excludentes, revelam-se mutuamente enriquecedoras[3]. Não se pode negar a relevância da abordagem cultural para o atual estágio dos estudos músico-literários: ela traz à tona as grandes questões deste início de milênio, sacudido pelos encontros e desencontros de várias culturas do mundo pós-colonial. Enquanto as ex-colônias debatem-se com problemas inerentes à herança colonial e ao neocolonialismo, as antigas metrópoles sofrem impactos correspondentes, resultantes das reivindicações de minorias étnicas e de ondas migratórias que conduzem novas diásporas até o seio das nações industrializadas.

Nessa ordem de idéias, vale a pena lembrar a obra de Edward Said, *Orientalism* (1978), texto inaugural da crítica pós-colonial. Em *Culture and Imperialism*, Said estuda as ligações entre a literatura e a ordem mundial regida pelo imperialismo europeu que, atingindo seu apogeu no último quartel do século passado, imperou até o fim da Segunda Guerra Mundial. Para representar os estudos dominados pela perspectiva imperialista, em contraste com as novas análises da crítica cultural, Said recorre a uma metáfora musical, a oposição entre a música atonal e a composição tonal, comparando a última a antigas propostas da literatura comparada, informada por um eurocentrismo opressor. Em contrapartida, a crítica cultural, segundo Said, evoca a música atonal, considerando as múltiplas variáveis de um mundo que, tendo substituído o colonialismo pelo neo-imperialismo – a sujeição das nações menos desenvolvidas às tecnológica e economicamente mais avançadas –, continua a exigir uma postura antiimperialista[4].

---

3. A propósito do atual debate entre os adeptos da crítica cultural e os defensores de uma análise mais especificamente literária, cf. Solange Ribeiro Oliveira, "Estudos Literários e/ou Estudos Culturais? Eis a Questão", *Crop*, revista do Departamento de Letras Estrangeiras da USP, 4-5, 1997-1998, pp. 27-35. Também Leyla Perrone Moisés, "A Crítica Literária Hoje", Congresso Abralic, 5, 1996, *Anais*, Rio de Janeiro, UFRJ, 1997, p. 6. Eneida Maria Souza, "A Teoria em Crise", *Revista Brasileira de Literatura Comparada*, Abralic, 4, 1998, pp. 19-29.

4. Diz Said: "Em vez da análise parcial oferecida pelas várias escolas nacionais ou sistematicamente teóricas, venho propondo as linhas contrapontísticas de uma análise global, que considere o funcionamento conjunto

A metáfora de Said sugere que, assim como nenhuma tonalidade domina a composição atonal, que, em princípio, pode a cada momento apoiar-se em diferentes elementos da construção musical, também a crítica cultural repudia as velhas concepções eurocêntricas da crítica literária no passado e busca referências nas múltiplas experiências das nações que emergiram dos embates entre colonizados e colonizadores. O destaque dado por Said à música atonal como emblema de sua postura diante das complexas questões políticas e culturais do mundo pós-colonial reforça minha crença na importância da metáfora musical para a apreciação da literatura

de textos e instituições [...] nas quais a literatura de uma comunidade se entrelace com a literatura de outras. As tentativas separatistas e nativistas parecem-me esgotadas; a ecologia do novo e ampliado sentido da literatura não pode restringir-se a uma única essência ou à idéia isolada de um único objeto. Mas essa análise global, contrapontística, deveria ser construída, não (como nas noções anteriores da Literatura Comparada) sobre o modelo da sinfonia, mas em analogia com um conjunto atonal; devemos considerar todos os tipos de práticas espaciais ou geográficas e retóricas – inflexões, limites, restrições, intrusões, inclusões, proibições –, todas elas tendendo a elucidar uma topografia complexa e acidentada. Permanece válida a síntese intuitiva, do tipo oferecido pela interpretação hermenêutica ou filológica (cujo protótipo é Dilthey), mas ela me parece uma lembrança pungente de tempos menos conturbados que o nosso". Edward W. Said, *Culture and Imperialism*, Nova York, Alfred A. Knopf, 1994, p. 318. Outros autores, entre eles compositores e críticos literários, têm recorrido à metáfora da música atonal, evocando associações semelhantes. A metáfora subjaz, por exemplo, à celebrada oposição de Roland Barthes entre o texto clássico – "legível" – e a literatura moderna – "escrevível" – inaugurada por Mallarmé. Expondo sua classificação dos códigos de acordo com os significantes textuais empregados, o autor de *S/Z* atribui aos códigos hermenêutico e proairêutico a mesma determinação tonal exercida na música clássica pela melodia e pela harmonia. Cf. Roland Barthes, *S/Z: An Essay*, trad. Richard Miller, Toronto, Collins Publishers, 1987, esp. pp. 4-5, 28-29. John Cage leva mais longe a associação feita por Barthes, estendendo a analogia a diferentes tipos de organização social. Compara o sistema de Schoenberg, cujo ponto de referência pode estar em qualquer dos doze tons da escala cromática, a uma sociedade em que a ênfase recaia sobre o grupo e sobre a integração do indivíduo dentro dele, negando a referência obrigatória a um centro, ao qual se subordinem todos os demais elementos. Cf. John Cage, *Silence*, Middletown, CT, Wesleyan University Press, 1969, pp. 3-6. Nesses, como nos demais textos em língua estrangeira, a tradução é minha, salvo quando houver indicação do contrário.

contemporânea, especialmente quando alude a formas musicais marcadas, como o mundo em que se inserem, pela questão do hibridismo. Metáforas e alusões musicais desse tipo são analisadas nos capítulos que constituem a quarta parte deste livro ("Modulações Pós-coloniais").

Minha leitura é orientada pelo que denomino melopoética cultural: aquela que, partindo das considerações músico-literárias exigidas por certos textos, tem sempre em vista a proposta de Said, associando conceitos musicais com elementos literários e socioculturais. Além de questões diretamente ligadas à herança colonial e seu prolongamento no neocolonialismo, emerge o tema da "colonização" simbólica, constituída por qualquer tipo de exclusão, quer tome como pretexto o gênero, a raça ou a classe social. Nos textos estudados, o tema articula-se com diversos tipos de criações musicais híbridas. No romance de Antonio Callado, *Reflexos do Baile*, o choro, resultante da transcriação de composições européias, emblematiza a identidade nacional em luta contra a ditadura iniciada no Brasil pelo golpe de 64, ao mesmo tempo que representa uma inversão simbólica da antiga oposição entre a metrópole portuguesa e o Brasil colônia. Um conflito cultural semelhante subjaz a metáforas musicais usadas pelo escritor nigeriano Wole Soyinka e pela escritora jamaicana Hazel D. Campbell. A referência ao calipso, outra forma musical híbrida, articula o conto de Roger McTair, *Visiting*, tematizando a feminização do sujeito (neo)colonizado pelo turismo sexual do Caribe. No romance de Silviano Santiago, *Stella Manhattan*, é a vez de canções do "período de ouro" da música popular brasileira nos anos de 1940, bem como da música de protesto de Chico Buarque e Bob Dylan: emblematizam um ideal libertário que, envolvendo a construção política e a criação estética, visa especificamente denunciar a discriminação da comunidade *gay*.

Um estudo de *Los Pasos Perdidos* de Alejo Carpentier encerra a seção "Modulações Pós-coloniais". O romance do musicólogo e escritor cubano ilustra exemplarmente a necessidade de uma crítica informada pela musicologia sem deixar de atentar para temas recorrentes nas literaturas pós-coloniais: a narrativa transforma uma indagação teórica – a origem da música – em metáfora de um mito de origem na América Latina. O protagonista – um musicólogo – fracassa na busca dessas duas origens, levando a uma discussão ficcionalizada do hibridismo, questão fundamental da crítica cultural. Em todos esses textos, não discuto meras alusões, mas sim analogias musicais, no sentido definido por H. A. Basilius: referências a obras ou gêneros musicais que conservam, na criação literária, o complexo conativo-afetivo próprio da composição mencionada[5].

Esse estudo de textos à luz de referências musicais típicas de culturas marcadas pela experiência da colonização constitui a principal contribuição que julgo poder oferecer ao desenvolvimento da melopoética. Cedendo às exigências de uma crítica músico-literária atualizada, acrescento ao instrumental analítico já bastante explorado – noções como forma sonata, tema e variação, fuga e contraponto – as criações musicais híbridas de um mundo que luta por transcender as velhas representações hegemônicas.

---

5. Sobre o conceito de analogia musical, em oposição à simples alusão, cf. H. A. Basilius, "Thomas Mann's Use of Musical Structure and Techniques in *Tonio Kröger*", *Literature and Music: Essays on Form*, Nancy Anne Cluck (ed.), Provo, Utah, Brigham Young University Press, 1981, p. 163.

Parte I: CONSIDERAÇÕES TEÓRICAS

1. AS RELAÇÕES ENTRE AS ARTES: INTRODUÇÃO

Os textos sobre a história das artes oferecem um bom ponto de partida para o estudo das relações entre os vários sistemas semióticos. Não raro, objetos ligados a uma arte são descritos em termos aplicáveis a outras, sugerindo a existência de elementos comuns. Bastam alguns exemplos para ilustrar essa afirmação. Descrevendo a oposição entre realismo e impressionismo na pintura, os compêndios tradicionalmente comentam a prioridade concedida ao desenho pela pintura neoclássica, que se esforça por sugerir a "tatilidade" óptica, a ilusão de poder "tocar" com a vista o objeto representado. No século XVIII, a pintura acadêmica também privilegia os contornos definidos, pinceladas longas, planos entintados, tintas terrosas quebradas e cinzentas, além de temas geralmente tomados à literatura e à mitologia. Rompendo com o academicismo, os pintores impressionistas adotam uma outra maneira de pintar, inaugurada em Paris pelas obras expostas no famoso Salão dos Recusados de 1874. Entre suas telas, a história da pintura costuma destacar uma, que é descrita como um "vagaroso borrão cromático, evanescente". Trata-se do quadro de Claude Monet, *Impression, Soleil Levant*, cujo título inspirou o rótulo inicialmente pejorativo de impressionismo. O trecho abaixo resume as características do novo estilo, aludindo, para isso, à audição musical e a outras formas de percepção sensorial:

> [...] desapareceu o tátil na percepção óptica da forma e suas várias texturas palpáveis. [P]ela via tensa do sensorial irrompeu o tilintar musical das tintas, matizes e toques: um modo novo também de sentir e entender a orquestração da cor e das pinceladas. Assim como, em compensação pelo desvanecimento do antigo poder da forma, irrompeu no impressionismo a fragrância e o sabor do pintar por pintar. Junto ao auditivo, afinou-se mais e mais a degustação da pintura e lhe proporcionou maior possibilidade de aroma: visualmente, é claro. Devendo constar que isto que aqui se exprime não é simples ou rebuscado jogo metafórico. Pois cada um dos sentidos do homem tem uma função especializada, como no resto dos animais, mas no nosso cérebro que, a propósito, é extremamente visual, as diferentes faculdades sensoriais conjugam-se de tal modo que constituem um outro aparelho psíquico-perceptivo, tão complexo e integrado que não pode ser entendido isoladamente[1].

Para o leitor interessado nas relações entre as artes, é sintomática essa descrição do contraste entre o realismo e o impressionismo. O apelo simultâneo a todas as diferentes formas de apreensão sensorial destaca-se em expressões como "percepção óptica", "texturas palpáveis", "tilintar musical", "orquestração da cor", "fragrância e sabor do pintar", "degustação da pintura", "aroma visual". A palavra "toque" chega a fundir três associações sensoriais distintas: a visual, a tátil e a auditiva, podendo implicar, simultaneamente, "toque de cor", "toque de mãos" ou "tocar um instrumento". A alusão à centralização de todas as percepções no cérebro humano trai certo cientificismo[2]. Destaco também os termos "vagaroso" e "evanescente" que sugerem a existência de uma dimensão temporal para a pintura, tradicionalmente considerada arte do

---

1. *História Geral da Arte*, Carrogio, S. A. Ediciones del Prado, 1996, *Pintura* V, pp. 11-13.

2. Sobre a hipótese de que o processamento de informação de todos os sistemas sensoriais associados à percepção estética se relacione a camadas profundas do par de protuberâncias do cérebro humano denominado *superior colliculi* – verdadeiros "mapas superpostos dos vários sentidos" – cf.

espaço. Mas a impressão fundamental sugerida pelo texto é a de uma natural unidade de todas as artes, apresentadas como extensões dos órgãos dos sentidos.

Se esse tipo de descrição sinestésica ocorre na crítica às artes plásticas, não é difícil encontrar equivalentes em obras sobre peças musicais. Evocando composições de Claude Debussy para piano, Helen L. Kaufmann parece estar aludindo à tela de um pintor. Fala de uma "cintilante teia de sons, vergada ao peso do orvalho matutino, iridescente ao sol matinal". Na apreciação de Kaufmann, o impressionismo musical inaugurado por Debussy cria uma arte expressiva, não do intelecto ou das emoções, mas de impressões subjetivas, "ouvidas como que através de um véu, de contorno vago e borrado como costumam ser as impressões". Prosseguindo com as analogias pictóricas, Kaufmann afirma que a música do compositor francês, semelhante a um "véu transparente, deixa vislumbrar bastidores translúcidos, como uma tela aquática, um labirinto de configurações entrelaçadas". "No conjunto", resume a autora, poucos compositores conseguiram, como Debussy, "captar o momento exato da percepção de jardins tremeluzindo durante a chuva, nuvens, fogos de artifício, uma catedral submersa vibrando com o misterioso planger de um sino"[3].

É bem semelhante o discurso crítico de Paul Grabbe a respeito de *Prélude à l'après-midi d'un faune*, composição de Debussy inicialmente destinada à encenação do poema homônimo de Mallarmé. Grabbe refere-se ao *Prelúdio* como a uma "pintura musical, misteriosa e altamente evocativa", que inclui a "melodia pesadamente sensual da flauta", "entrelaçando transparentes linhas sonoras, numa textura deliciosamente sugestiva" do despertar de um jovem fauno, enlevado com a visita de duas encantadoras ninfas, talvez apenas vislumbradas em sonho[4]. Também o musicólogo e regente Ser-

---

Robert Jourdain, *Música, Cérebro e Êxtase*, trad. de Sônia Coutinho, Rio de Janeiro, Objetiva, 1998, pp. 51-53.

3. Helen L. Kaufmann, *The Little Guide to Music Appreciation*, New York, Grosset & Dunlap, 1948, pp. 127-129.

4. Paul Grabbe, *The Story of a Hundred Symphonic Favourites*, New York, Grosset & Dunlap, 1940, p. 71.

gio Magnani, após caracterizar a linguagem e o estilo de Debussy de forma bastante técnica, refere-se às "implicações de natureza pictórica" dos *Prelúdios*, sugestivos de "luzes e reflexos; visão vaga em que, como na visão dos míopes, cada foco luminoso cria um halo que penetra nos outros ou se dissolve em nuanças multiplicadas"[5].

A ligação entre as artes, implícita nesses textos que entrelaçam poesia, música, pintura e dança com caprichosas referências mútuas, remete à longa tradição que, da crítica greco-romana a nossos dias, acumula pronunciamentos memoráveis. Já entre os séculos VI e V antes de Cristo, segundo relata Plutarco no texto "Sobre a Fama dos Atenienses" de sua *Moralia*, Simônides de Ceos teria se referido à pintura como poesia muda, à poesia como pintura falante, e à arquitetura como música congelada. Entre os anos 19 e 18 a.C., Horácio inicia sua *Ars Poetica* com as palavras célebres *Ut pictura poesis*, "a poesia deve ser como um quadro"[6]. Esses antecedentes ilustrativos da tradição clássica ecoam pela crítica das artes numa linha quase ininterrupta até os tempos atuais, fortalecida pelos recortes intertextuais de tendências recentes da literatura comparada.

Jon de Green descreve as várias fases desse percurso, observando que o enfoque histórico tem a vantagem de preservar a diversidade, sem prejuízo da continuidade dos estudos. O autor toma a frase horaciana *Ut pictura poesis* como

---

5. Sergio Magnani, *Expressão e Comunicação na Linguagem da Música*, Belo Horizonte, Editora da UFMG, 1996, p. 24.

6. A respeito dos desdobramentos históricos da tradição que aproxima a literatura das outras artes, ver Solange Ribeiro de Oliveira, *"Ut Pictura Poesis*: o Fio de uma Tradição", *Literatura e Artes Plásticas: O Künstlerroman na Ficção Contemporânea*, Editora da Universidade Federal de Ouro Preto, 1993, pp. 13-26. Cf. também Wendy Steiner, *The Colors of Rhetoric: Problems in the Relation between Modern Literature and Painting*, University of Chicago Press, 1982, cap. 1; Jean Hagstrum, *The Sister Arts: The Tradition of Literary Pictorialism in English Literature from Dryden to Gray*, The University of Chicago Press, 1985, cap. 1; Ulrich Weisstein, "Literature and the Visual Arts", *Interrelations of Literature*, Jean-Pierre Barricelli e Joseph Gibaldi (eds.), Nova York, *MLA*, 1982, pp. 251-277; Calvin S. Brown, "The Relations between Music and Literature as a Field of Study", *Comparative Literature*, XXII (1970) 2, pp. 97-107.

emblema da fase clássica, quando as correlações visam sobretudo à literatura e às artes plásticas. Para indicar a fase romântica, Green cunha a expressão *Ut musica poesis*, indicando a supremacia das aproximações entre a música e a poesia. Segue-se a fase moderna, *Ut pictura musica*, que privilegia as relações entre a música e as artes plásticas, num momento em que estas, como sempre aconteceu com a música, tendem a favorecer a abstração.

O esquema tripartite de Green, apesar de sua sedutora clareza, deixa no ar algumas questões. Onde encaixar a possibilidade, admitida pelo autor, da obra de arte total que, em nossos dias, continua a existir, não apenas na ópera e no balé tradicionais, mas também no cinema? É possível objetar ainda que cada um dos três tipos de aproximação propostos por Green, *ut pictura poesis*, *ut musica poesis* e *ut pictura musica*, não ocorre apenas no período indicado – clássico, romântico, contemporâneo –, podendo ser encontrado desde os primórdios da reflexão estética. A relação interdisciplinar investigada neste trabalho, que aproxima a literatura e a música, foi realmente privilegiada pelo romantismo, como indica Green, mas de forma predominantemente intuitiva e metafórica, além de explorar apenas as qualidades acústicas da linguagem verbal, negligenciando a estruturação do texto. Buscando uma metodologia mais precisa, apoiada na musicologia e nos estudos literários, a aproximação músico-literária inspira hoje uma profusão de estudos – só o romance *Doktor Faustus* de Thomas Mann já inspirou mais de mil trabalhos.

Implícita ou explicitamente, os vários tipos de análises intersemióticas apoiam-se na presunção de uma afinidade básica entre as artes, sem prejuízo da especificidade de cada uma. A presunção tem sido objeto de longos debates, exemplificados e resumidos por vários pesquisadores, entre os quais Laura Rice-Sayre e Henry M. Sayre[7]. Admitindo, por um lado, a autonomia, e, por outro, as afinidades entre as artes, os autores começam por mencionar o que consideram

---

7. Laura Rice-Sayre e Henry M. Sayre, "Autonomy and Affinity: Toward a Theory for Comparing the Arts", *Bucknell Review*, vol. 24, n. 2, 1978, pp. 86-103.

preconceito contra o reconhecimento dessas afinidades: o "chauvinismo plástico", que nega as relações das artes plásticas com a literatura, e sua contrapartida, o "chauvinismo literário". Os autores lembram o testemunho do pintor Émile Bernard a respeito do "chauvinismo plástico" de Cézanne. Em *Souvenirs de Paul Cézanne*, Bernard comenta que, para Cézanne, literatura e pintura seriam artes diametralmente opostas, a primeira caracterizada por sua natureza abstrata, e a segunda por sua dimensão concreta, vinculada ao desenho, à cor, às sensações e às percepções do pintor. Entretanto, como lembram Laura Rice-Sayre e Henry Sayre, a recusa de Cézanne a admitir relações com a literatura, em vista de seu caráter abstrato, é desmentida pela liderança do próprio artista no movimento em direção ao abstracionismo na pintura. Rice-Sayre e Sayre acrescentam que outros pronunciamentos sobre a pretensa incomunicabilidade de territórios artísticos esbarram em mais uma contradição: desde Baudelaire, poetas e pintores vêm insistindo na autonomia de suas criações, mas, ao mesmo tempo, proclamam objetivos convergentes, como faz o *Manifesto Surrealista* na segunda década do século XX. É, portanto, inegável a existência de elementos comuns às artes, ilustrada, por exemplo, pela narrativa, presente não apenas em textos verbais, mas também em quadros, murais, espetáculos de dança e mímica, e no cinema.

Um denominador comum é a alegada dependência das artes em relação à linguagem verbal. Tratando dos intercâmbios e influências recíprocas entre os sistemas semióticos, Rice-Sayre e Sayre citam a obra de Virgil C. Aldrich, *Philosophy of Art*, que postula a virtual impossibilidade de percepção visual desvinculada de uma interpretação verbal. O desenho na página seguinte, por exemplo, será percebido de forma diversa, conforme varie o título: *Túnel*, *Quadrado Suspenso*, *Pirâmide Truncada*, *Cúpula de Abajur*, ou *Abstração*.

Inversamente, a leitura de versos de Robert Duncan, *Descriptions of Imaginary Poetries*, que aludem a "hiatos", "fendas", brechas", "rachaduras", será radicalmente alterada, conforme se escolha para ilustrar o poema uma ou outra das seguintes obras: *O Pensador* de Rodin, *As Sabinas* de Poussin, *A Crucifixão* de Van Eyck, *Guernica* de Picasso, ou *Fonte* de

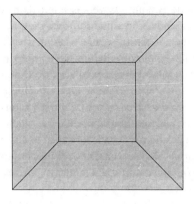

Duchamp – todas elas incluindo aberturas, cavidades, ou orifícios, que poderão ser lidos como as "fendas" mencionadas no poema:

> Fendas
> Contínuo pelejar
> Grandes rasgos nos febris
> Objetos
> Escâncaras. Uma intenção residual[8].

Discutindo a afinidade natural entre sistemas semióticos, Rice-Sayre e Sayre trazem à cena o grande número de trabalhos envolvendo simultaneamente a literatura e as artes visuais. Entre os tipos possíveis de colaboração, os autores destacam obras criadas por um único artista, incluindo elementos verbais e plásticos, como os *Cadernos Ilustrados* (1917-1955) de Braque, em que a perfeita integração de desenhos e texto poético permite a criação de trocadilhos simultaneamente verbais e pictóricos. Citam também obras resultantes da colaboração de um pintor e de um poeta, como "Lettera amorosa", poema de René Char publicado em 1963 e complementado

---

8. "Gaps
   Regular straining
   Great rips in the febrile
   goods
   Gapes. A leftover intending."

por desenhos de Braque: os versos intercalam-se com uma série de litogravuras, constituindo um texto único, com perfeita equivalência semiótica entre os elementos verbais e os visuais. Outro exemplo de colaboração entre as artes é a ilustração de velhos textos poéticos por pintores contemporâneos, como fez Picasso com as *Metamorfoses* de Ovídio, e Maillol com as *Églogas* e as *Geórgicas* de Virgílio, ou os poemas contemporâneos inspirados por pinturas de séculos passados, como "Musée des Beaux Arts", de Auden e "Landscape with the Fall of Icarus", de William Carlos Williams, uma das muitas transcriações intersemióticas da tela *A Queda de Ícaro*, de Brueghel.

O texto de Rice-Sayre e Sayre vale sobretudo pela busca de uma fundamentação teórica para as aproximações entre as artes, voltando às hipóteses sucintamente recapituladas por Jon D. Green[9]. Uma hipótese reza que as artes em seus primórdios não teriam existido em separado, mas – fenômeno ainda existente entre certas culturas da oralidade – como uma espécie de *Gesamtkunstwerk,* ou obra de arte total, semelhante à preconizada por Wagner[10]. Outra teoria, a empírico-psicológica, parte da concepção das artes como extensões dos sentidos no tempo e no espaço. Há ainda a perspectiva semiótica, que toma as artes como diferentes sistemas de linguagem.

Citando Edward Wasiolek, Rice-Sayre e Sayre lembram que já os formalistas russos postulavam que as várias séries constituídas pelos discursos histórico e artístico, sendo paralelas, não se explicam por relações causais ou genéticas, mas reportam-se todas a um terreno cultural comum, que possibilita a correlação entre as séries. Assim, literatura e artes plásticas

não constituem tanto entidades autônomas quanto sistemas sígnicos rivais, e esses sistemas, embora mais ou menos divergentes, podem na verdade refletir muitos princípios estruturais comuns. [Jean] Laude esboça um movimento nesse sentido, quando conclui que "a pintura e a poesia, tomadas

9. Jon D. Green, "Determining Valid Interart Analogies", *Teaching Literature and the Other Arts*, Jean-Pierre Barricelli, Joseph Gibaldi e Estella Lauter (eds.), New York, MLA, 1990, pp. 8-15.

10. Ver, a respeito, Jack M. Stein, *Richard Wagner and the Synthesis of the Arts*, Westport, Conneticut, Greenwood Press Publishers, 1973.

separadamente, relacionam-se, não entre si, mas com uma seqüência idêntica em um espaço cultural comum"[11].

A meu ver, a perspectiva cultural nunca deve ser perdida de vista. Entretanto, não exclui a semiótica, para a qual as artes são diferentes tipos de linguagem, integrantes da semiologia humana. Susanne K. Langer menciona os princípios estruturais comuns, que evocam a visão semiótica[12]:

se levarmos tão longe e tão minuciosamente quanto possível as diferenças entre as artes, chegaremos a um ponto além do qual não se podem mais fazer distinções. É o ponto onde os recursos estruturais mais profundos – imagens ambivalentes, forças entrecruzadas, grandes ritmos e seus análogos com detalhes, variações, congruências, em resumo: todos os recursos organizadores – revelam os princípios de forma dinâmica que aprendemos com a natureza tão espontaneamente como aprendemos nossa língua com os membros mais velhos de nossa família. Esses princípios aparecem numa arte após outra, organizando toda obra que consegue alcançar forma orgânica, vitalidade de forma ou de expressividade, que é aquilo a que nos referimos quando falamos da significância da arte[13].

Segundo a filósofa, a especificidade de cada arte não resulta das técnicas e meios materiais usados, mas de algo que ela denomina "ilusão" ou "aparição primária", isto é, uma dimensão especial da experiência, uma imagem particular da realidade, que é uma criação mental, não encontrada no mundo exterior. A aparição primária da música é a criação de um tempo virtual, completamente determinado por formas sonoras em movimento, com organização, volume e partes distintas. Na pintura a aparição primária é a projeção de um espaço virtual, e, na dança, um complexo de fatores interagentes. Langer acrescenta que a aparição primária de uma arte pode

11. Rice-Sayre e Sayre, "Autonomy and Affinity: Toward a Theory for Comparing the Arts", *op. cit.*, pp. 87-88.

12. Cf. Susanne K. Langer, *Philosophy in a New Key. A Study in the Symbolism of Reason, Rite and Art*, Harvard University Press, 3ª ed., 1953; *Feeling and Form*, New York, Charles Scribner's Sons, 1953.

13. Susanne Langer, "Deceptive Analogies: Specious and Real Relationships among the Arts", *Modern Culture and the Arts*, James B. Hall e Barry Ulanov (eds.), New York, McGraw Hill, 1972, pp. 22-31, especialmente p. 25.

projetar-se secundariamente em outra, estabelecendo uma conexão entre elas: o espaço virtual, próprio da pintura, pode aparecer secundariamente na música, artisticamente transformado, como um eco, sem modelo visual específico, o que ocorre, por exemplo, quando a organização harmônica de um acorde sugere um espaço localizado dentro de uma escala ideal[14]. Nessa possibilidade de partilharem suas diferentes "aparições", continua Langer, reside a unidade fundamental das artes, bastando o estudo de duas aparições para desnudar relações instigantes.

Quanto à dimensão espacial da música, é amplamente reconhecida pelos musicólogos. Sergio Magnani discorre longamente sobre ela, considerando que o aspecto espacial aproxima a música da arquitetura mais do que de qualquer outra arte. Assim pensava também Goethe, que comparava a arquitetura à "música petrificada". Magnani lembra as freqüentes alusões à dimensão arquitetural da música, implícitas em expressões usadas pela crítica musical, como "extensão", "volume", e "peso" "sonoros", som "alto" e "baixo", "arco melódico", aspectos "horizontais" e "verticais" do discurso musical, "ponto de apoio" e "ponto culminante", "colunas" ou "pilastras" harmônicas, movimentos "ascendente" e "descendente", "convergente" e "divergente" etc. Outras metáforas espaciais próprias do discurso musical incluem "linha melódica", "desenho melódico", "intervalos" entre sons que "sobem" e "descem" numa "escala" (do latim *scala*, "escada"). Cabe ainda lembrar, no século XXI, expressões como "espaços homogêneos lisos", "espaços regulares", e os "objetos sonoros concretos", mencionados por Pierre Boulez. A música caracteriza-se assim por uma pluridimensionalidade que permite interpretá-la na sua realidade física "como arte dos movimentos no espaço sonoro, concreto, e não apenas mental", lembra Magnani (p. 46). Na verdade, nossa reação à criação dos grandes compositores – a sensação de

---

14. Com o objetivo de evitar certas conotações da palavra "ilusão", a expressão "ilusão primária", que havia sido inicialmente usada por Langer, é substituída por "aparição primária" no artigo em que a filósofa resume sua teoria sobre a unidade fundamental das artes. Trata-se de "Deceptive Analogies: Specious and Real Relationships among the Arts", *op. cit.*

30

pujança heróica despertada por Beethoven, a de leveza, por Mendelssohn, a de angústia espacial e aspiração a um espaço cósmico por Brahms – explicam-se pelas respectivas organizações do espaço sonoro[15].

Partindo de uma premissa diferente, Susanne Langer acrescenta à noção de aparição primária um princípio geral subjacente à unidade das artes: a assimilação obrigatória de uma por outra, quando combinadas na mesma obra. A escultura, reflete a filósofa, assimila a pintura: uma estátua não deixa de ser estátua se for pintada. A dança absorve a música, tal como a música absorve a poesia, cuja importância torna-se secundária numa canção. Por isso a mediocridade da letra – caso de certos poemas de Müller, musicados em algumas canções de Schubert – não prejudica a beleza da canção. Alguns críticos literários concordam com o ponto de vista de Langer. Lawrence Kramer chega a afirmar que o poder epifânico do poema lírico, quando aliado à música numa canção, repousa sobretudo na ininteligibilidade:

a imaginação do poeta é incialmente despertada pelo impulso de inserir suas próprias palavras na fenda lingüística encontrada na melodia. Uma vez inseridas, as palavras gradativamente se dissolvem como a própria canção, deixando o poeta mudo e transfigurado, usualmente numa postura de intensa audição[16].

Outros autores afirmam, pelo contrário, que a principal característica da canção encontra-se na fusão de letra e melodia, nenhuma das duas exercendo função subalterna.

Reiterando que a diferença entre as artes não decorre da diversidade de material, mas de aparições primárias distintas e da diferente aplicação do princípio de assimilação, Susanne Langer questiona o sucesso de traduções intersemióticas, que se fundamentam na diferença do material empregado. Ela admite raras exceções, quando uma obra consegue atingir o

---

15. Sergio Magnani, 1996, pp. 42-43, 48-49. Do mesmo autor, "Arquitetura e Música, Artes da Organização dos Espaços", *Boletim Cultural da Universidade Federal da Bahia*, jul.-ago. 1967, n. 128-129.

16. Lawrence Kramer, *Music and Poetry: The Nineteenth-Century and After*, Berkeley/Los Angeles, University of California Press, 1984, p. 139.

ponto de "abstração última", ou "transcendência", incorporando efeitos característicos de outra arte. Entre os exemplos inclui *Four Quartets* de T. S. Eliot, poema que atua de modo semelhante a um quarteto de cordas, e *Arabesque*, composição musical de Schumann, que evoca arabescos árabes:

> [*Four Quartets*] combina grande riqueza de sentimento com extrema economia de material. O resultado é uma aparência de concentração aliada à completa articulação. [...] De forma semelhante, *Arabesque* de Schumann não copia qualquer desenho de escultura árabe, mas cria um efeito de reflexão elaborada, na qual nenhum pensamento tem realmente princípio ou fim, um efeito de movimento dentro de um labirinto, sem a sensação de vertigem. Esse efeito, característico da escultura e da arquitetura árabe, é raro e surpreendente na música.
>
> O importante nesses paralelos é que eles não justapõem materiais, como, por exemplo, sons e palavras, ou frases musicais e formas esculpidas. O entrelaçamento das frases é apenas um exemplo de imitação óbvia na peça de Schumann; o vaivém de melodias misturadas e a relação dos acentos rítmicos com os melódicos é igualmente importante, não correspondendo a coisa alguma nos desenhos esculpidos na pedra. [...] A inter-relação entre tais obras não se baseia em correspondências dos elementos materiais, nem em construções comparáveis[17].

Faço uma restrição ao texto de Langer: quando, nessa passagem, desmerece a importância das "construções comparáveis", a filósofa contradiz outra afirmação, já citada, na qual destaca a importância dos "recursos organizadores": [eles] "aparecem, numa arte após outra, organizando toda obra que consegue alcançar forma orgânica, vitalidade de forma ou de expressividade, que é aquilo a que nos referimos quando falamos da significância da arte"[18]. A existência dessas "construções comparáveis", ou equivalências estruturais – manifestadas tanto nas diferentes criações artísticas como em suas homologias com o contexto cultural – constitui ainda, a meu ver, uma importante fundamentação para as aproximações entre as artes.

17. Susanne Langer, "Deceptive Analogies...", *op. cit.*, pp. 30-31.
18. "[O]rganizing devices [...] appear, in one art after another, as the guiding ones in every work that achieves organic unity, vitality of form or expressiveness, which is what we mean by the significance of art". *Idem*, p. 25.

32

2. LITERATURA E MÚSICA: LIGAÇÕES PERIGOSAS?

Orientações recentes da literatura comparada têm conferido notável impulso às aproximações entre a literatura e as outras artes. Circulando entre áreas diferentes, a análise comparatista apropria-se de seus diversos métodos, resultando numa iluminação recíproca dos objetos relacionados[1]. Em trabalho pioneiro, que visa à eliminação de certas dificuldades de classificação, Calvin Brown chega a tomar a existência da análise intertextual como critério para a conceituação de literatura comparada. Segundo Brown, a disciplina pode ser definida como "qualquer estudo literário envolvendo pelo menos dois sistemas expressivos diferentes"[2].

---

1. Da abundante bibliografia sobre o estudo comparativo de textos, denominado *placing* por Prawer, seleciono Siegbert Prawer, *Comparative Studies: An Introduction*, London, Duckworth, 1973, p. 102.

2. Steven Paul Scher considera a definição de Brown "adequadamente ampla, embora inegavelmente restritiva". Steven Paul Scher, "Comparing

Brown esboça uma mini-história das aproximações entre a música e a literatura. Como a semiótica, a disciplina cria seu próprio passado e reivindica seus precursores. Em sua trilha histórica, Brown vislumbra um passado quase lendário, quando música, literatura e dança integram uma única atividade artística, anterior à própria conceituação de arte. Desvinculadas posteriormente, a música e a literatura tornam-se artes distintas, mas continuam a manter ligações, variáveis de acordo com diferentes culturas e períodos históricos. Rastreando a variedade de análises músico-literárias, Brown cita o tratado de Thomas Campion, *Observations on the Art of English Poetry* (1602), que, como os congêneres da época, limita-se a análises de proporção métrica e de pausas na música e na literatura. No mesmo período, *Musica Poetica* (1606), de Jochim Burmeister, constitui uma exceção. Além de definir e classificar, em termos literários, figuras musicais da retórica, Burmeister empreende uma análise simultaneamente técnica e retórica de uma composição de Orlando di Lasso.

Brown informa que trabalhos desse tipo constituem contribuições isoladas: só no século XVIII as relações entre as artes, especialmente entre a música e a literatura, tornam-se um campo reconhecido de estudos, com inúmeras investigações, a princípio concentradas em autores ingleses: Dryden, o Abade du Bos, Hildebrand Jacob, Charles Avison, Daniel Web, John Brown e Joshua Steele. Na França Brown menciona François Jean Chastellux, autor de *Essai sur l'union de la poésie et de la musique*. O ensaio data de 1766, um ano antes do *Laokoon* de Lessing, que, analisando a relação entre a literatura e as artes plásticas, menciona o projeto de um tratado sobre a relação com a música, que, entretanto, não chegou a elaborar[3]. No século XIX, o romantismo deslocou a ênfase

---

Literature and Music: Current Trends and Prospects in Critical Theory and Methodology", em Zoran Konstantinovic, Steven Paul Scher e Ulrich Weisstein (eds.), *Literature and the Other Arts. Proceedings of the IX Congress of the International Comparative Literature Association*, University of Innsbruck, 1981, p. 217.

3. Claudia Stanger, "Literary and Musical Structuralism. An Approach to Interdisciplinary Criticism", Zoran Konstantinovic, Steven Paul Scher e Ulrich Weisstein (eds.), *Literature and the Other Arts...*, *op. cit.*, p. 224.

dos estudos para a propalada síntese entre as artes, descartada por certos críticos como mera confusão romântica. O culto de Schlegel à sinestesia é típico dessa etapa, inspiradora de textos antológicos, como o soneto *Correspondences* de Baudelaire e o poema de Rimbaud, *Voyelles*. O anseio pela síntese entre as artes aparece também nos desvarios do músico Kreisler, personagem de E. T. A. Hoffmann, nas tentativas de *transpositions d'art*, na busca da *Gesamtkunstwerk*, ou obra de arte total, na expressão de Wagner. Surgem trabalhos teóricos, geralmente mais próximos de manifestos e de polêmicas do que da investigação estética. Só no fim do século XIX despontam contribuições teóricas significativas, como *The Science of English Verse* de Sidney Lanier (1880). O texto retoma a linha pioneira de Joshua Steele, que usa notação musical para a métrica inglesa. Em1894 Jules Combarieu publica *Les Rapports de la musique et de la poésie, considérées au point de vue de l'expression*, considerado por Brown o primeiro dos tratados modernos importantes. A partir de então, intensificam-se as pesquisas sobre as inter-relações da música com a literatura.

Para a pré-história da disciplina, Ulrich Weisstein lembra a importância de Dennis Diderot, pioneiro que ressaltou a necessidade de comparar as artes objetivamente[4]. Segundo Weisstein, o debate realmente acadêmico, no princípio restrito à tradição alemã, só começa século e meio mais tarde, com uma conferência de Oskar Walzel em Berlim. Os resultados parecem a Weisstein um tanto decepcionantes. Waltzel e alguns estudiosos apegam-se demasiado ao modelo histórico, outros, ao contexto da *Geistesgeschichte*, como Oswald Spengler, Wylie Sypher e Arnold Hauser no século XX. Há ainda posturas demasiado teóricas (Fritz Medicus, Karl Vossler e, mais recentemente, Pierre Dufour e Dionyz Durisin); céticas demais (Wellek) ou, pelo contrário, excessivamente entusiásticas (Wais). No século XX, registra-se a contribuição de

---

4. Em "Lettre sur les sourds et les muets" (1751), Diderot ataca a proposta de Charles Batteux em *Les Beaux Arts reduits à un même principe* (1746), visando reduzir todas as artes a um princípio único, geralmente o mimético.

musicólogos e compositores de sólido conhecimento literário, como Pierre Boulez e John Cage. Diante da diversidade do quadro, sem interromper suas pesquisas na área, Weisstein pondera que a disciplina literatura e as outras artes não encontrou ainda os rumos adequados, carecendo de fundamentação metodológica sólida e de terminologia coerente. Ele se aproxima do pronunciamento de Steven P. Scher sobre os estudos das inter-relações entre a literatura e a música: trata-se de uma "disciplina indisciplinada"[5], constituída por pesquisas sem uma correlação definida.

Não é difícil arrolar os obstáculos enfrentados pela "disciplina indisciplinada". O trabalho interdisciplinar exige competência, rigor crítico, conhecimento adequado das duas artes, além de familiariedade com seus aspectos estéticos e filosóficos. A música tem terminologia e práticas analíticas raramente dominadas pelos estudiosos da literatura. A necessidade da competência dupla provoca a dispersão de forças do investigador. A falta de uma terminologia interdisciplinar consolidada pode tornar-se problemática, levando ao uso impressionista ou meramente metafórico de termos técnicos como *Leitmotiv*, melodia, harmonia e contraponto. Declarar que um poema constitui uma sinfonia de cores, sem levar em consideração o sentido preciso do termo "sinfonia", revela mais sobre o entusiasmo de um crítico ingênuo do que sobre o texto poético. Há que considerar também o problema salientado por Nancy Anne Cluck: a estrutura temporal, decisiva para a música e para a literatura, só pode ser percebida em retrospecto, quando os desenhos rítmicos se combinam na memória, criando padrões estruturais abrangentes[6]. Finalmente, a pesquisa interdisciplinar enfrenta a exigência fundamental de toda crítica, literária ou musical: ultrapassar o nível da pura descrição de estruturas, meros "esqueletos descarnados e vazios", como os chama Jean-Louis Cupers[7].

5. Steven Paul Scher, "Literature and Music", *Interrelations of Literature*, Jean-Pierre Barricelli e Joseph Gibaldi (eds.), New York, MLA, 1982, p. 240.
6. Nancy Anne Cluck (ed.), *Literature and Music. Essays on Form*, Provo, Brigham Young University Press, 1981, p. 4.
7. Jean-Louis Cupers, *Euterpe et Harpocrate au le défi littéraire de la*

Outras questões, consideradas pela pesquisa músico-literária de forma algumas vezes problemática, derivam das diferenças de linguagem. Brown Marshall observa que, na literatura, a linguagem é da ordem do geral, na música, da ordem da diferença. Contrariamente à arte literária, necessariamente impura, a música é uma arte do som de si e para si, do som na qualidade de som. A sonoridade literária apela somente para a voz humana, seja ela audível, ou silenciosa e mental, enquanto a música recorre também a objetos fabricados, os instrumentos[8]. Obviamente, a música não tem palavras. Esporadicamente, tem motivos, mas não distingue vocábulos de orações. A manipulação dos blocos de construção musical pode ser descrita de forma muito mais concreta do que a dos vocábulos, que são de natureza mais complexa e menos demarcada. Na linguagem literária os estilos acabam por constituir normas, de definição às vezes imprecisa. Na música, pelo contrário, até o Romantismo, os contornos formais podem ser descritos com alto grau de precisão (ou baixo nível de ambigüidade); as generalizações baseadas nessas descrições formais assemelham-se muito mais a leis do que às normas flexíveis da forma literária[9].

Os contrastes podem ser multiplicados indefinidamente. Se a música é abstrata, sua linguagem apresenta uma dupla dificuldade, sublinhada por Barthes: além de não visar à representação, emprega uma notação difícil de dominar. Entretanto, a inexistência de referencialidade externa é compensada pela nitidez das relações internas. Sendo a mais abstrata das artes, a música é também a mais altamente formalizada. Seu sentido é mais vago do que o das artes verbais ou visuais; em compensação, sua estrutura é muito mais explícita. A musicalidade da linguagem verbal manifesta-se sobretudo por

---

musique. Aspects méthodologiques de l'approche musico-littéraire, Bruxelles, Publications des Facultés Universitaires Saint-Louis, 1988, p. 146.

8. *Idem*, p. 43.

9. Após o Romantismo, a falta de direcionalidade gerada pelo rompimento da tonalidade impede a criação de composições longas e leva à busca de apoio na referência extramusical, como, por exemplo, alusões à poesia, como as utilizadas por Schoenberg.

meio do estrato léxico; só intermitentemente – em geral na poesia – explora o sistema fonético. A música tem apenas a articulação inferior, do sistema. Seus elementos de articulação – altura, timbre, ritmo, instrumentos, níveis dinâmicos e tipos de articulação – são mais numerosos que os fonemas de nossas línguas naturais, embora não sejam infinitos: do contrário, a notação musical seria impossível[10].

Os contrastes não cessam aqui. A música parte de puras abstrações formais, que, segundo alguns, exprimem estados de espírito e sentimentos, embora eventualmente a música programática tente atingir a representação, sugerir objetos e narrativas. A literatura, partindo do concreto, do elemento representacional, aventura-se ocasionalmente a abandoná-lo, buscando atingir a apresentação, a relativa pureza da abstração. Daí resulta a tensão interna das duas artes: ambas buscam transcender seu elemento natural. O literário, inicialmente representativo, parte para o presentativo; o musical, essencialmente presentativo, aponta na direção do representativo. A música programática se vê narrativa lá onde a literatura descarta o relato, a literatura se quer repetitiva lá onde a música renuncia à repetição. Contrastes e afinidades permitem, assim, que a música se possa esclarecer pelo estudo de sua linguagem, a literatura, pelo da música e por meio dela[11].

Jean-Louis Cupers desenvolve outras reflexões enriquecedoras. Lembra que música e literatura têm em comum um material parcialmente semelhante, o som, representado visualmente na partitura musical e no texto impresso. Ao som em si e por si da música corresponde o som articulado da linguagem verbal. Há, de um lado, um discurso que é também som, isto é, entoação e ritmo. Do outro, um material sonoro que se superpõe e se organiza em grupos animados pelo ritmo, mas percebidos de forma diversa, por meio da harmonia vertical e do contraponto horizontal. Daí a dificuldade de precisar a

---

10. Não me refiro, evidentemente, a certos tipos de música experimental do século XX que requerem novas formas de notação musical.

11. Jean-Louis Cupers, *Euterpe et Harpocrate ou le défi littéraire de la musique. Aspects méthodologiques de l'approche musico-littéraire, op. cit.*, pp. 52-55. O texto resume algumas ponderações cruciais do autor.

38

noção de ritmo, que se encontra nas duas artes. A literatura é ritmo, a música é ritmo. Mas o som na música é animado por um ritmo próprio, enquanto na literatura é também impregnado pelo sentido do discurso. Se nos limitarmos a esse raciocínio, pondera Cupers, recairemos na tradicional oposição discurso/ritmo para caracterizar o que é propriamente linguagem verbal nas línguas naturais e som musical na música. Transcendendo esse esquema, Cupers pondera que o romance, por sua própria natureza, é sempre já (*toujours déjà*) musical, isto é, instaurado pelo ritmo. Mas o romance pode ser musical em outro sentido, como *Jean-Christophe* de Romain Rolland, *Point Counter Point* de Aldous Huxley e *Doktor Faustus*, de Thomas Mann. Trata-se, aqui, do romance musical propriamente dito: um ritmo musical peculiar altera a estrutura que, como em qualquer romance, já seria inicialmente musical. A respeito desse tipo particular de relação entre a literatura e a música, diz Cupers:

a homogeneidade parcial do material possibilita jogos arquitetônicos análogos e certamente explica a fascinação que cada uma das duas artes parece exercer sobre a outra, naquilo que cada uma pode fazer melhor: cabe à música jogar com o som em nível apresentativo; à literatura, estabelecer um equilíbrio entre o apresentativo e o representativo. Convém [...] tomar extremo cuidado quando se quiser utilizar um conceito musical para a explicitação literária. Diante da dupla musicalidade possível em certos romances, o conceito musical terá utilidade quando se analisar a segunda musicalidade eventualmente existente no romance, e se verificar que, para enriquecer seu próprio arsenal, o escritor deixou-se seduzir pelo desejo de recorrer à arte irmã. O romancista cultiva, então, o sonho de acrescentar ao caráter rítmico e à musicalidade fundamentais de toda ficção uma segunda musicalidade, no sentido preciso do termo[12].

Essas considerações estimulam as aproximações entre a literatura e a música. A despeito de seus percalços, como ignorar os benefícios do repúdio à compartimentalização, a atração de zonas fronteiriças, os recortes enriquecedores da pesquisa músico-literária? O estudo das inter-relações, sublinhando diferenças e semelhanças, contribui para precisar a natureza peculiar de cada arte. A justaposição de textos sugere analo-

12. *Idem*, pp. 145-146.

gias, contrastes, diretrizes e métodos, fortalecendo a investigação do fenômeno estético, como queria Eugene Souriau, e conduzindo à reescrita do texto literário em função de um subtexto musical apenas sugerido.

A tentativa de transcender esquemas específicos harmoniza-se com o clima do pós-modernismo, com as inquietações de nossos dias e sua visão problematizadora das artes, ficando a unidade científica assegurada pela natureza do objeto escolhido. Guy Scarpetta acrescenta que uma estética intersemiótica pode constituir uma resposta às incertezas da arte contemporânea, marcada por criações híbridas, como as do arquiteto-músico Iannis Xenakis, as quais fundem o natural e o artificial, efeitos visuais e sonoros, nuvens de sons, passagens do contínuo ao descontínuo[13].

Indubitavelmente encontra-se aí uma das explicações para a inegável proliferação de trabalhos na área, sobretudo a partir dos anos de 1980. Mas já em 1970 Calvin Brown afirmava que a *Bibliografia* publicada pela Modern Language Association, apesar de incompleta, listava de noventa a cem estudos anuais sobre literatura e música, sobretudo em inglês e em francês, sem excluir outras línguas européias, como o sueco e o holandês. Ao contrário de Brown, Weisstein calcula que o número de trabalhos visando às relações da literatura com as artes plásticas supera o de estudos relacionando literatura e música[14]. Steven Paul Scher (que, a partir de 1973, passou a publicar em Dartmouth College uma bibliografia internacional de estudos sobre a literatura e as outras artes) confirma a preferência dos comparatistas pelas aproximações com as artes plásticas, em detrimento das formas musicais, com exceção de pesquisas sobre a ópera e do *lied*. Nos estudos músico-literários são efetivamente pouco numerosas as investigações teóricas. Faltam estudos sólidos envolvendo as relações sincrônicas sistemáticas entre a literatura e a música. Tam-

13. A respeito, ver *idem*, p. 16.

14. Steven Paul Scher, *Music and Text: Critical Inquiries*, Cambridge University Press, 1992, p. xiv. Ulrich Weisstein, *Comparative Literature and Literary Theory: Survey and Introduction*, trad. W. Riggan, Bllomington, Indiana University Press, 1973, p. 151.

bém não são abundantes os estudos de correlações diacrônicas como periodização, recepção, disseminação e influência. Segundo Scher, escasseiam, sobretudo, estudos sobre a exequibilidade e a utilidade da abordagem semiótica para a inter-relação entre música e literatura.

O estudo da obra de arte, produto cultural, historicamente condicionado, bem como das várias formas de confluência do literário com o musical, pode contribuir para a compreensão da própria história e da própria cultura. Os textos analisados na última parte deste livro assumem, por isso, um interesse adicional: direta ou indiretamente, referem-se todos a culturas e literaturas pós-coloniais, cuja efervescência relativamente recente vem resultando numa renovação cada vez mais visível e instigante de nossos fatigados cânones.

3. LITERATURA E MÚSICA: A MELOPOÉTICA E SUA TIPOLOGIA

Para a área de estudos dedicados à iluminação recíproca entre a literatura e a música, Steven Paul Scher propõe a sugestiva designação de melopoética – do grego *mélos* (canto) + *poetica*. Nesse campo interdisciplinar cada vez mais respeitado, Scher distingue duas orientações genéricas. A primeira, a qual podemos chamar de técnica ou formalista, apoia-se em noções teóricas, críticas e metodológicas subjacentes à especificidade da literatura e da música. A segunda abordagem é a cultural, que, impulsionada por autores seminais como Hayden White, Raymond Williams e Edward Said, busca interpretar os fenômenos artísticos em função do contexto cultural. Scher observa com propriedade que as duas formas de análise, longe de serem excludentes, complementam-se mutuamente, reforçando a importância da melopoética[1]. Reco-

---

1. Steven Paul Scher, "Preface", em *Music and Text...*, *op. cit.*, pp. xiv-xv.

nhecendo as inevitáveis repetições e entrecruzamentos das várias propostas, resumo a seguir algumas tentativas de classificar os tipos das pesquisas enfeixadas pela disciplina.

Calvin Brown menciona três campos de estudo, bastante abrangentes[2]:

– a música *na* literatura;
– a literatura *na* música e
– literatura *e* música.

A proposta, retomada por Scher, é detalhada por Robert Spaethling que cita como próprios do primeiro campo – a música *na* literatura – textos cobrindo uma vasta extensão temporal, do Antigo Testamento ao *Doktor Faustus* de Thomas Mann. Entre possíveis objetos de estudo, menciona a figura do músico na literatura, como o Orfeu do mito clássico e suas incontáveis reescritas ou o Mozart representado por Peter Shaeffer em *Amadeus*. Também constituem objetos de estudo as técnicas de estruturação literária semelhantes a formas musicais, como o emprego do contraponto e da forma sonata na poesia e na ficção. O estudo da música na literatura pode contemplar ainda a referência à música como recurso dramático, ou como metáfora literária – enfim, qualquer elemento que, de natureza originalmente musical, contribua para a construção do texto literário.

O segundo campo de estudo – a literatura *na* música – constitui-se da forma contrária, incluindo temas que, inicialmente pertencentes aos estudos literários, acabam por se projetar na música. A título de exemplo, Spaethling destaca como própria dessa área a análise do narrador onisciente na ópera de Wagner; do solista como protagonista; o estudo da imitação de estilos literários pela música – como a linguagem musical do Iluminismo e do *Sturm und Drang*; o uso de citações em composições musicais; formas de diálogo identificáveis na música de câmera e na sinfonia.

A terceira modalidade de pesquisa, voltada para criações que combinam literatura e música, como a ópera, o *lied*, e o

---

2. Calvin S. Brown, *Music and Literature. A Comparison of the Arts*, Athens, University of Georgia Press, 1948.

teatro musical de Wagner, abrange também o estudo da sinestesia, da melopéia, o conteúdo musical de vocábulos e a música verbal encontrada na poesia[3].

Jean-Louis Cupers, usando uma terminologia própria, distingue outras possibilidades de pesquisa, apontando duas vertentes metodológicas: a músico-lingüística, ou semiótica, e a músico-literária. A análise músico-lingüística ou semiótica, tomando a música como uma espécie de linguagem, busca examinar em profundidade os processos de construção do texto e do sentido musical. Em contrapartida, a pesquisa músico-literária pretende captar a globalidade da experiência artística em obras nascidas da apreensão mais ou menos completa e consciente dos dois tipos de criação artística, a literatura e a música. Trata-se de destacar os elementos comuns às duas artes, partindo sempre do material usado pela literatura, a linguagem verbal. Em síntese, a abordagem músico-lingüística parte da literatura para a música. Envolve, sobretudo, a música programática. O percurso músico-literário toma a direção inversa, da literatura à música. Explora a interface entre a crítica literária e a musicológica, mantendo à vista as duas dimensões, a visual e a auditiva. Da perspectiva do pesquisador da literatura, os estudos músico-lingüísticos, no entender de Cupers, apontam para uma zona centrífuga, que parte da literatura em direção à música. De interesse predominantemente musicológico, os estudos visam esclarecer questões musicais pelo viés da literatura. A outra zona, centrípeda, que vai da música à literatura, faz o contrário: investiga questões literárias pelo viés da música. A pesquisa músico-lingüística e a músico-literária não são excludentes, mas complementares. Cupers conclui que "só se as duas abordagens interdisciplinares renunciarem ao mútuo anátema pode-se esperar chegar a certa compreensão, em profundidade, desse domínio escorregadio, mas primordial, das relações entre o mundo verbal e o das realidades musicais"[4].

---

3. Ver, a respeito, Steven Paul Scher, "Literature and Music", em *op. cit.*, pp. 225-250. Também Robert Spaethling, "Literature and Music", em Jean-Paul Barricelli, Joseph Gibaldi e Estella Lauter (eds.), *Teaching Literature and Other Arts*, Nova York, MLA, 1990, pp. 54-60.

4. Jean-Louis Cupers, *Euterpe et Harpocrate ou le défi littéraire de la*

Certos textos podem exigir ainda a contribuição de mais disciplinas, como a estética, que investiga a dimensão filosófica do fenômeno artístico, ou a lingüística, voltada para as relações com a linguagem e com os signos verbais. A psicologia, a sociologia, a história da arte fornecem também subsídios indispensáveis, dependendo do tipo de investigação[5].

Lembrando o constante vaivém entre a música e a literatura, e adotando a classificação de Calvin Brown em *Music and Literature*, Cupers indica quatro linhas de pesquisa específicas dos estudos músico-literários:

– estudos de tipo histórico, técnico ou estético, investigando afinidades analógicas e paralelos ou divergências estruturais entre artistas e obras diversas;
– estudos de textos conjugando elementos musicais e verbais, como a ópera e o *lied*;
– estudos considerando a influência da música sobre a literatura, resultando em recriações literárias de obras musicais, ou no uso de técnicas ou efeitos musicais pela literatura e
– estudos da utilização do texto literário pela música, com destaque para a chamada música programática.

Cupers reconhece que essas categorias, não sendo estanques, podem entrelaçar-se em diversos tipos de investigações, envolvendo, por exemplo:

– peças musicais compostas para acompanhar literatura dramática – pode-se certamente acrescentar aqui o estudo de trilhas sonoras de filmes;
– o uso de técnicas tomadas de empréstimo, consciente ou inconscientemente, pela literatura à música, ou vice-versa;
– a recriação de efeitos de uma arte por outra;
– condições para a transposição da terminologia técnica de uma arte para a outra e
– o papel das alusões literárias em uma obra musical.

musique. Aspects méthodologiques de l'approche musico-littéraire, *op. cit.*, especialmente pp. 65, 69, 72-74, 97 e 102.
5. C. S. Brown, *Music and Literature*, London/Hanover, University Press of New England, 1987.

O esquema proposto por Steven Paul Scher, transcrito abaixo, resume quase todos os tipos de estudo mencionados e suas possíveis inter-relações[6]:

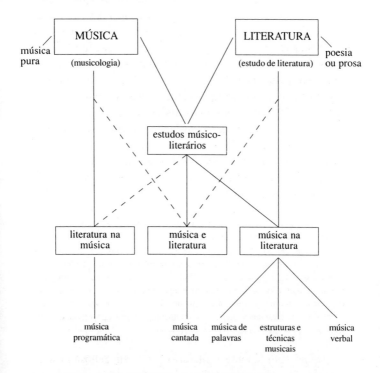

Scher reconhece que seu esquema não contempla alguns tópicos importantes, como o papel da música na sinestesia ("interpretação poética de experiências musicais em termos de cores ou imagens visuais específicas") e a crítica musical produzida por autores como Hoffmann, Stendhal, G. B. Shaw e Ezra Pound. A categorização de Scher também não explicita a possibilidade de correlações históricas, como a influência da música sobre períodos literários e autores individuais, ou estudos diacrônicos envolvendo periodização, recepção e dis-

---

6. Steven Paul Scher, "Literature and Music", em *Interrelations of Literature, op. cit.*, p. 237.

seminação. Entretanto, estabelece um contraste interessante entre *word music* e *verbal music*, que traduzi como "música de palavras" e "música verbal". A expressão "música de palavras" refere-se à prática literária de imitar a qualidade acústica da música, por meio de recursos como onomatopéia, aliteração e assonância, próprios da linguagem verbal[7]. Bem diferente é a "música verbal", que consiste na "apresentação literária (em poesia ou prosa) de composições musicais, reais ou fictícias: qualquer textura poética que tenha como tema uma composição musical"[8]. Além de equivalentes verbais de partituras reais ou imaginárias, os textos constituídos pela música verbal podem sugerir uma execução musical ou uma reação subjetiva por ela despertada. Como exemplo Scher cita um parágrafo do romance *Doktor Faustus* de Thomas Mann, que descreve a recepção do Prelúdio do Terceiro Ato da ópera de Wagner, *Die Meistersinger von Nürnberg*:

> solitários, os violoncelos entoam um tema pensativo e melancólico, que, de forma ao mesmo tempo altamente expressiva e decorosamente filosófica, questiona a insensatez humana, a razão de tanto empenho e luta, diligência e incômodo. Acenando as cabeças, lamentosamente, os violoncelos desenvolvem durante algum tempo a reflexão sobre esse enigma, e, num ponto cuidadosamente escolhido de sua meditação, entra o coro dos instrumentos de sopro, com um poderoso bafejo que nos faz encolher os ombros, um hino coral, comovedoramente solene, opulentamente harmonizado, produzido com toda a discreta dignidade e a potência levemente contida dos metais[9].

Sendo um fenômeno literário – uma engenhosa mistura de imitação, descrição, análise e interpretação – a música verbal distingue-se claramente da verbalização não literária da música, praticada por musicólogos e críticos musicais.

Scher acrescenta comentários elucidativos sobre as demais categorias de seu esquema. Situando-a no tipo de estudo que denomina *literatura na música*, o crítico define a música programática (em contraste com a música "pura", "absoluta", ou "abstrata") como "música instrumental inspirada numa idéia não musical, geralmente indicada no título da composição e

---

7. *Idem*, p. 230.
8. *Idem*, p. 234.
9. *Idem*, p. 235.

algumas vezes descrita num prefácio ou em notas explicativas". Entre as peças programáticas – também chamadas "poemas sinfônicos" e "poemas sonoros" –, Scher destaca composições inspiradas por obras literárias específicas como *Harold en Italie*, de Berlioz, que remete ao poema de Byron, *Childe Harold*[10].

Como objetos de pesquisa envolvendo o uso simultâneo da música e da literatura, Scher inclui a ópera, o *lied*, oratórios, cantatas, missas cantadas, madrigais, coros, baladas, a *masque* inglesa e o *Singspiel* alemão. Finalmente, no item *música na literatura* ele situa os estudos comparativos que Cupers denomina músico-literários. Priorizando o elemento literário, determinam-se os objetos da investigação bem como os métodos de interpretação e análise. Seu procedimento básico é a descrição dos elementos comuns, necessários à articulação do esquema músico-literário.

As propostas de Scher, Spaethling e Cupers que, em alguns aspectos, se sobrepõe, esquematizam as múltiplas possibilidades de investigação da melopoética. Para resumi-las, proponho três amplas categorias, que de certa forma remetem ao esquema de Scher, com as denominações definidas a seguir:

1. Estudos literário-musicais, os quais utilizam o instrumental dos estudos literários para a análise musical. Na segunda parte deste livro ofereço uma visão panorâmica da questão, discutindo a contribuição da lingüística, do estruturalismo literário, da crítica da recepção, da crítica cultural e da crítica feminista para a musicologia.
2. Estudos músico-literários, nos quais conceitos derivados da musicologia – tais como tema e variação, sonata, ponto e contraponto, rapsódia, ou gêneros musicais como o

---

10. Outros exemplos de música programática oferecidos por Scher: *Don Juan*, de Richard Strauss, inspirada no texto de Nikolas Lenau; *L'Apprenti Sorcier*, na balada de Goethe, *Der Zauberleherling*; *Prélude à l'après-midi d'un faune*, de Debussy, no poema homônimo de Mallarmé. A música programática também pode inspirar-se em objetos não literários: impressões de paisagens ou fenômenos da natureza (*Sinfonia Pastoral* de Beethoven), temas nacionalistas (*Má Vlast* de Smetana) e escritos filosóficos, como *Also sprach Zarathustra* de Richard Strauss, a partir da obra de Nietzsche.

choro e o calipso – fornecem instrumental para a análise literária.

3. Estudos de formas mistas como a canção, a ópera e o *lied*, apoiados tanto na musicologia quanto nos estudos literários.

Os três tipos de estudos podem fertilizar-se mutuamente, com entrecruzamentos metodológicos e temáticos nem sempre previsíveis, já que emergem naturalmente dos objetos analisados.

4. UMA QUESTÃO PRELIMINAR: A MÚSICA É UMA ESPÉCIE DE LINGUAGEM?

A música é a arte mais perfeita, pois não revela seu segredo.

Oscar Wilde, *A Decadência da Arte de Mentir*

Os cruzamentos no terreno fronteiriço entre a literatura e a música, filhas ambas do som e do tempo virtual, possibilitam o intercâmbio de instrumental teórico e crítico cedido de uma a outra arte. Faculta-se à musicologia buscar metodologias nos estudos literários, como a estes, valerem-se de instrumentos inspirados na análise musical. Previsivelmente, verifica-se certa correspondência entre a abordagem escolhida e a concepção, explícita ou implícita, de cada arte. Os teóricos que consideram a música uma linguagem semelhante à verbal não vêem obstáculos na adoção de um modelo lingüístico ou literário. Inversamente, esse modelo pouco tem a oferecer aos que acreditam que a música nada significa além de si própria.

Impõe-se, pois, uma pergunta preliminar: a música pode ser concebida como uma espécie de linguagem? A resposta está longe de ser evidente. Os problemas inerentes à definição da música, talvez mais que os da literatura, têm intrigado pensadores e filósofos, associando-se a indagações sobre a origem e a evolução histórica das duas artes.

Nos primórdios da literatura sânscrita os teóricos indianos, refletindo a respeito dos universais postulados por eles, parecem acreditar numa origem comum para a música e para a linguagem verbal, como se depreende de estudos sobre as relações entre o védico, a língua tonal, e as propriedades das escalas musicais. Um manuscrito anônimo explica a produção dos sons musicais a partir de um arranjo exotérico de sons silábicos que seria também a base do sânscrito e das demais línguas. Outras obras, como o tratado de Bharata sobre a dramaturgia, analisam a música como parte da "combinação harmoniosa de conceito, fala, expressão e criação musical, tanto vocal quanto instrumental"[1]. Em nossos dias admite-se igualmente a hipótese de uma origem comum para a música e para as línguas naturais, tomadas como diferentes espécies de linguagem. Jean-Louis Cupers cita as reflexões de Combarieu: nos albores da vida humana, o mundo sonoro teria sido capaz de expressar nossa consciência em sua totalidade. Com o passar do tempo, por especialização progressiva, ter-se-ia firmado a apreensão de duas realidades, uma, intelectual, centrada no conceito, outra, no emocional. Conseqüentemente, a comunicação sonora ter-se-ia bifurcado em duas linguagens distintas. A expressão musical teria acentuado e enriquecido o aspecto realista da linguagem instintiva, e a poética, o inteligível. A partir de sua separação a música e a arte verbal teriam tido desenvolvimentos antagônicos, sem excluir encontros ocasionais. A música parte de puras abstrações formais, chegando à expressão de estados de espírito e sentimentos e, eventualmente, à tentativa de sugerir objetos e narrativas, como na música programática; a literatura, partindo

---

1. Allan R. Keiller, "Two Views of Musical Semiotics", *The Sign in Music and Literature*, Wendy Steiner (ed.), Austin, Texas University Press, 1981, p. 138.

do concreto, do elemento representacional, aventura-se aos poucos a abandoná-lo, buscando atingir a apresentação, a relativa pureza da abstração. Daí resulta a tensão interna das duas artes, buscando ambas transcender seu elemento natural. O literário, inicialmente representativo, parte para o presentativo; o musical, essencialmente presentativo, caminha em direção ao representativo. A música programática se vê narrativa lá onde a literatura descarta o relato, a literatura se quer repetitiva lá onde a música renuncia à repetição[2].

Adotando outro percurso, John Blacking acredita que a linguagem verbal tenha sido o sistema modelador primário na história intelectual da semiótica na qualidade de forma de discurso científico. Ele duvida, entretanto, que tenha exercido essa função na pré-história intelectual da humanidade. A propósito, Blacking concorda com a afirmação de Susanne Langer: diversamente da música, a linguagem verbal pressupõe processos cognitivos mais fundamentais, como categorização, transformação e particularmente a transfiguração simbólica da experiência, pouco acessíveis nos albores da consciência humana. Entretanto, Blacking não chega a postular que, por esse motivo, a música, e não a linguagem verbal, tenha sido o sistema modelador primário. Afirma simplesmente que a música deveria pelo menos ser tratada como um sistema modelador primário, embora não necessariamente por razões evolutivas. Remetendo novamente a Langer, Blacking declara: "ao tentar compreender as estruturas elementares do pensamento humano, conclui-se que a música é na verdade mais adequada que a linguagem verbal para revelar as exigências puramente estruturais de um sistema de símbolos"[3].

Inúmeras outras reflexões voltam à possibilidade de se considerar a música como uma espécie de linguagem, à qual se possa atribuir um sentido. Desde os gregos, a música tem sido julgada a mais abstrata das artes, baseada em princípios matemáticos de harmonia. Apenas ocasionalmente, como no

2. Jean-Louis Cupers, *Euterpe et Harpocrate...*, *op. cit.*, pp. 52-53.
3. John Blacking, "The Problem of 'Ethnic' Perceptions in the Semiotics of Music", *The Sign in Music and Literature*, Wendy Steiner (ed.), Austin, University of Texas Press, 1981, pp. 185-186.

século XVIII, foi considerada imitação de sons naturais e das emoções, sendo por isso comparada à pintura e à poesia[4]. Geralmente, em contraste com a linguagem verbal e a pintura figurativa, os sons musicais não oferecem associações imediatas de sentido, e somente as adquirem, mesmo assim de modo muito peculiar e relativo, quando combinadas em estruturas musicais precisas. A música, como veículo de sentido, parece radicalmente inferior à linguagem literária; a intelegibilidade musical depende totalmente da estruturação interna, intrínseca a cada obra. Qualquer significado preciso é, em princípio, destacável como extramusical[5], havendo mesmo quem reconheça como sentido, na música, apenas a possibilidade de se detectar o percurso desenhado pelas frases musicais[6]. Como observa Thomas Grey, "aquilo que nas outras artes é simplesmente descrição, já é, na música, metáfora"[7]. Também Alan Bloom, lembrando Nietzsche, observa que a música pode ser a linguagem primitiva e primária da alma, mas é também *alogon*, não tendo razão ou discurso articulado, essencial à linguagem verbal[8].

Argumentando na mesma linha, outros teóricos consideram que a criação musical constitui um sistema de significantes não alocados em signos dotados de significação convencional. Não pode, portanto, constituir uma linguagem[9]. "Estra-

---

4. Ver, a respeito, John Neubauer, "On Music Theory and the Abandonment of Mimesis in Eighteenth-Century Literature", em *Literature and the Other Arts*, *op. cit.*, pp. 241-244.

5. Ver Lawrence Kramer, "Music and Representation: The Instance of Haydn's Creation", em *Music and Text: Critical Inquiries*, *op. cit.*, p. 139.

6. É o que se deduz da observação de Perlman e Greenblatt: "Embora a música não tenha a mesma função referencial que a linguagem [verbal] [...] as frases em um solo de *jazz* têm sentido, o sentido de uma frase é sua história, isto é, sua origem", (*idem*, p. 180).

7. Thomas Grey, "Metaphorical Modes in Music Criticism: Image, Narrative and Idea", em *Music and Text: Critical Inquiries*, *op. cit.*, p. 93.

8. Alan Bloom, *L'âme désarmée*, Paris, Julliard, 1987, cap. 3 e Jean-Louis Cupers, *Euterpe et Harpocrate...*, *op. cit.*, pp. 145-146.

9. Ver, a propósito, Henry Orlov, "Towards a Semiotics of Music", *The Sign in Music and Literature*, Wendy Steiner (ed.), Austin, University of Texas Press, 1981, pp. 131-137. O artigo traz muitas considerações interessantes sobre as aproximações entre literatura e música.

nha linguagem da alma, cujo segredo ninguém jamais penetrou", observa Edward McDowell. Mais analítico, mas presumindo uma questionável separação entre código e mensagem verbais, John Blacking invoca certas diferenças que, a seu ver, impedem a conceituação da música como um tipo de linguagem comparável à expressão verbal:

mesmo se os intervalos musicais forem separados dos significados específicos que possam ter em culturas diversas, e se concordarmos que uma segunda maior continua sempre uma segunda maior, e uma quarta, uma quarta, os repertórios dos intervalos usados nos sistemas musicais não são como os grupos fonêmicos de línguas diferentes.

Na linguagem verbal, a mensagem e o código podem ser distinguidos analiticamente sem a necessidade de se evocarem fatos não-lingüísticos. Na música, mensagem e código são inseparáveis; o código é a mensagem; quando a mensagem é analisada em separado, já não se trata mais de música, mas de sociologia, política, economia, religião etc.[10].

No outro extremo do raciocínio, a concepção da música como uma espécie de linguagem encontra seus defensores. Para algumas sociedades primitivas e civilizações passadas, a música é a linguagem da revelação divina; para Platão e antigos filósofos do Oriente, a linguagem das paixões e emoções, o que antecipa a concepção renascentista da música como linguagem dos afetos, discurso das emoções. Beethoven via na música a linguagem de uma sabedoria mais elevada. Paralelamente, os românticos a consideravam a linguagem da beleza e da verdade poética. Um tipo de semântica musical chega a apontar certas cores afetivas e sentimentais nos intervalos de terças. Também a intensidade pode adquirir conotações de sentido, variáveis conforme o contexto. Para José Miguel Wisnik, o som de intensidade decrescente "pode remeter tanto à fraqueza e à debilitação, que teria o silêncio como morte, ou à extrema sutileza do extremamente vivo". Reforçando esse ponto de vista, os adeptos da corrente referencial afirmam que a música, além de ter significado próprio, contido em suas formas, comunica sentidos que de algum modo se reportam ao mundo extramusical de conceitos, personalidades, ações,

10. Blacking, *op. cit.*, p. 185.

estados emocionais[11]. Outros, como Wisnik, sem deixar de reconhecer seu caráter especialíssimo, acreditam na superioridade expressiva do discurso musical:

a música não refere nem nomeia coisas visíveis, como a linguagem verbal faz, mas aponta com uma força toda sua para o não-verbalizável, atravessa certas redes defensivas que a consciência e a linguagem cristalizada opõem à sua ação e toca em pontos de ligação efetivos do mental e do corporal, do intelecto e do afetivo[12].

Em meados do século XX, entre os partidários da concepção da música como uma espécie de linguagem, detentora de sentido, Deryk Cooke chega a publicar um "dicionário" de configurações musicais, afirmando ser possível determinar formas correspondentes a representações de idéias ou sentimentos. Como exemplo, Cooke cita a impressão de alegria, ou expectativa feliz, em oposição ao sentimento trágico ou angustioso, transmitidos, respectivamente, pela terça maior ou menor, e pela sexta maior ou menor. Cooke exemplifica a pretendida correspondência citando trechos do *Canto da Terra*, de Gustav Mahler e do *Dom Quixote* de Richard Strauss. Blacking considera a proposta de Cooke "ponderável", sem, contudo, concordar que possa ser universalmente comprovada[13]. Na verdade, mesmo os que consideram a música um tipo de linguagem não podem afirmar que constitua um sistema articulado, como a linguagem verbal.

Talvez por isso analistas como Susanne Langer sustentam que a música é uma linguagem *sui generis*, dotada de maior sutileza de sentido e de superior força emotiva, porém menos

---

11. Leonard B. Meyer, *Emotion and Meaning in Music*, Chicago, 1956. *Apud* Peter J. Rabinowitz, "Chord and Discourse: Listening through the Written Word", em *Music and Text: Critical Inquiries, op. cit.*, pp. 38-56.

12. José Miguel Wisnik, *O Som e o Sentido. Uma Outra História das Músicas*, São Paulo, Companhia das Letras, 1989, p. 25. Para as reflexões sobre a possibilidade de sentido na música ver também pp. 25, 53-54, 58, 68, 84 e 211.

13. John Blacking, "The Problem of 'Ethnic' Perception in the Semiotics of Music", *op. cit.*, p. 185. Cf. Deryk Cooke, *The Language of Music*, London, Oxford University Press, 1959. Reimpressão em Clarendon Paperback, 1989, p. 70.

específica do que a linguagem verbal. A favor de um indispensável rigor terminológico, a filósofa pondera que talvez não se devesse chamar de "sentido" ao conteúdo da música. Sua função simbólica só imprecisamente merece o nome de "linguagem": falta-lhe o elemento de referência convencional, próprio do estrato semântico da linguagem verbal. A música é, assim, um símbolo não consumado. No entanto, reflete Langer, a música possui uma significação própria (*import*), pertencente à ordem da sensibilidade (*sentience*), que é a da própria vida, diretamente captada pela sensibilidade musical. A música é "forma significativa", próxima do símbolo; "é um objeto sensório altamente articulado que, em virtude de sua estrutura dinâmica, pode expressar formas de experiência vital inacessíveis à linguagem verbal"[14]. Daí, poderíamos talvez concluir que o sentido da música assemelha-se ao de um texto literário hermético, como o de Mallarmé, que funde significante e significado. No caso da música programática, Langer admite que, à época de Bach e Handel, atribuíam-se sentidos convencionais a certos procedimentos musicais. A hermenêutica musical de então rotineiramente interpretava os movimentos ascendentes ou descendentes das frases musicais como símbolos, respectivamente, de elevação ou de queda espiritual, de alegria ou de tristeza, de vida ou de morte[15].

Em favor da afirmação de que a música tem um sentido, e, portanto, constitui uma espécie de linguagem, destaco a importante contribuição da análise cultural. Seus partidários argumentam que as sociedades tradicionais sequer admitem a idéia da música como puro som, sem significação. Independentemente do sistema musical adotado, as notas, fetichizadas pela cultura, constituem redes metafóricas, às quais se atribuem sentidos convencionais. Em qualquer sistema, a própria seleção de sons e de escalas possíveis é cultural. Assim, as sociedades árabes apontam matizes de sentido em suas escalas. Nas culturas adeptas do sistema modal, a música possui uma rede conotativa de correspondências analógicas, cuja

14. Susanne Langer, *Feeling and Form*, op. cit., pp. 31-32.
15. *Idem*, p. 164.

57

circularidade expressa resistência a mudanças sociais. Na música ocidental, preponderantemente baseada no sistema tonal, a ordem numérica, implícita na organização dos sons, influencia a metafísica medieval, evocando a concepção de um universo ordenado, de esferas analógicas, com escalas de correspondências em todas as ordens, integrando o conjunto sonoro a um princípio de organização[16].

A existência de um sentido atribuído pela cultura também explica a insistência com que a música medieval, impregnada de religiosidade, evitava o trítono, ou quarta aumentada, considerando-o o *diabolus in musica*. Julgava-se que, dividindo a escala ao meio, e projetando sua própria inversão, o trítono sugeria uma forte instabilidade, perturbadora do sistema. Opunha-se à concepção dominante da música das esferas, expressão da imaginada ordem cósmica, abalando a cosmovisão tradicional. Com o tempo, admitido na composição tonal, o trítono vem a desempenhar um papel de destaque na música dodecafônica.

A crença no sentido eminentemente cultural da música, matizada em alguns aspectos lembrados por Sergio Magnani, parece a mais próxima de resolver a questão. Postulando, em geral, a auto-referencialidade do discurso musical, o regente e musicólogo não radicaliza sua posição, admitindo a relevância do contexto cultural. Reconhece, por exemplo, o "sentido" que vai sendo acrescentado a certas peças pela tradição, ou que é atribuído por indicadores extramusicais à chamada música programática. Equilibrando-se entre dois pontos conflitantes, Magnani afirma, por um lado, que a música é arte essencialmente simbólica, isto é,

estruturada em formas puras, portadora de significados abstratos, traduzidos na consciência do fruidor em categorias de emoções estéticas, sugestão ou impressão de sentimentos contemplados na sublimação lírica. Se aplicarmos à música a teoria da linguagem, poderemos dizer que o significante musical é sempre um símbolo, nunca um índice ou um ícone[17].

16. Para essas e outras observações sobre o sentido na música, cf. José Miguel Wisnik, *op. cit.*

17. Magnani não parece apreciar as tentativas de atribuir à música o valor de um índice, por meio da relação direta com objetos extramusicais:

Por outro lado, Magnani menciona casos em que a música parece quase transformar-se em signo icônico: construções musicais pretensamente imitativas – as tempestades operísticas na orquestra, exemplificadas por *O Barbeiro de Sevilha* de Rossini, *Rigoletto* e *Otello* de Verdi, *Navio Fantasma* de Wagner; o repicar de sinos em *Boris Godunov* de Mussorgsky, e *Suor Angelica* de Puccini; a sugestão de presença de águas (*Ouro do Reno*, de Wagner), de florestas e de galope de cavalos (*Walkiria*, de Wagner). Entretanto, no caso da música programática e de poemas sinfônicos, considera Magnani,

o ícone é de todo hipotético e individual, representando uma ordem de imagens que serve apenas de estímulo à fantasia do criador [...] o ícone se traduz em funções sonoras totalmente autônomas, portadoras de um conteúdo expressivo de amplas possibilidades alternativas que põe em evidência o seu caráter meramente simbólico, apesar do programa[18].

Certamente em razão do aspecto simbólico do pretenso ícone, e por descartar o sentido intrínseco da composição, Beethoven esclarece no início da *Sinfonia Pastoral* que ela é "mais expressão de sentimento do que pintura". Também Debussy coloca os títulos ao fim de seus prelúdios, "como indicação da possível mas não indispensável imagem geradora de um resultado sonoro, cuja semelhança com eventos ou aspectos da natureza ele não queria impor ao ouvinte"[19]. Magnani manifesta opiniões semelhantes a respeito da chamada estética das tonalidades, que atribui a cada uma um caráter especial, com diferentes cargas emocionais. Considerando arbitrárias essas ilações, o autor afirma que as tonalidades,

o troar de canhões na *Ouverture 1812*, de Tchaikovsky; o apito da sirena do navio em *Il Tabarro* de Puccini, a intervenção de ruídos naturais ou artificiais na música concreta moderna. Trata-se, comenta o músico, de "acréscimos escassamente significantes na economia geral do texto, apliques, por assim dizer, de gosto freqüentemente duvidoso, quando não assimilados à abstrata função sonora e ao legítimo objetivo de transformar em sublimação qualquer intervenção de elementos da realidade objetiva". Sergio Magnani, *Expressão e Comunicação na Linguagem da Música*, *op. cit.*, p. 51.

18. Magnani, *op. cit.*, p. 53.

19. *Idem*, p. 52.

como os intervalos musicais, não têm valor intrínseco, abstraído de um contexto. Tudo resulta de

condicionamento psicológico contingente ou ancestral. [...] A nossa ilusão de que o tom de dó menor seja dramático é uma reminiscência beethoviana; o patético de mi bemol maior é uma sugestão mozartiana; de Verdi nos advém a impressão fúnebre do mi bemol menor; do violinismo barroco, o brilho de ré maior e a ternura elegíaca de ré menor[20].

Em capítulos subseqüentes, nos quais discuto a contribuição dos estudos lingüísticos e literários para a análise da composição musical, volto a considerar o sentido, dificilmente contestável, conferido à música pela cultura e sedimentado pela história. A música pode apresentar ainda um outro tipo de sentido, comparável ao do discurso narrativo: aquele que é sugerido pelo movimento progressivo de certos gêneros, como a forma sonata. Deriva daí a possibilidade de uma interpretação musical moldada na análise estrutural do texto literário.

20. *Idem*, p. 56.

Parte II: A CONTRIBUIÇÃO DA LINGÜÍSTICA
E DOS ESTUDOS LITERÁRIOS PARA A
ANÁLISE MUSICAL

1. A LINGÜÍSTICA E A ANÁLISE DA OBRA MUSICAL

[...] e se a linguagem fosse na verdade o ponto de chegada a
que tende tudo o que existe? Ou se tudo o que existe fosse
linguagem já, desde o princípio dos tempos?

ÍTALO CALVINO, *Palomar*

Nenhuma das considerações resumidas no capítulo anterior responde satisfatoriamente à pergunta: será a música uma linguagem, um meio de expressão de idéias, experiências e sentimentos, comparável à linguagem verbal? Ou constituirá um sistema *sui generis*, passível de ser perpassado por experiências que a linguagem literária, ela própria fluida e problemática, mal consegue vagamente sugerir? Impõe-se a retomada dessas questões, para que se possa considerar uma pergunta correlata: no caso de se considerar a música uma linguagem, poderá a lingüística fornecer-lhe modelos de análise? Mais especificamente, a semiótica, que vem estabelecendo um diálogo com a lingüística a partir dos anos de 1970, indaga se os sons podem ser estudados como signos, as composições, como mensagens, e a música, como sistema semiótico. As respostas continuam a variar, num leque bastante matizado que começa com a negativa peremptória e termina com algumas afirmações cautelosas.

Entre os adeptos da posição negativa, encontra-se Emile Benveniste, que rejeita o conceito do signo musical, e caracteriza a música como a-semiótica. Henry Orlov argumenta na mesma direção:

se a música deve ser considerada um sistema de signos, é um sistema muito estranho: um ícone que nada tem em comum com o objeto que apresenta; uma linguagem abstrata que não permite a descrição antecipada de seu alfabeto e vocabulário, e atua com um número indefinido, virtualmente infinito, de elementos *sui generis*; um texto que não pode ser decomposto em itens intercambiáveis[1].

Esse é também o ponto de vista de Igor Stravinsky. Segundo o compositor, a música nada representa além de si própria. Constitui um sistema autônomo, exclusivamente auto-referencial, "essencialmente incapaz de expressar qualquer coisa – sentimento, atitude de espírito, estado psicológico, fenômeno da natureza"[2].

Numa zona intermediária entre a negativa e a afirmação absolutas, encontram-se alguns pronunciamentos cautelosos, como o de Nicolas Ruwet. Considerando a viabilidade de aproximação da música com a linguagem verbal, articulada, que é objeto dos estudos lingüísticos, o musicólogo mostra-se reservado. De um modo geral, acredita que a lingüística estrutural e a gramática gerativa pouco podem contribuir para a constituição de uma semântica musical. Ruwet rejeita a utilidade de conceitos lingüísticos específicos, mas admite a conveniência, para a musicologia, de conceitos gerais, como língua e fala (competência e desempenho), sincronia e diacronia, variantes e invariantes, gramaticalidade e agramaticalidade,

1. Orlov, *op. cit.*, p. 136.
2. Igor Stravinsky, *An Autobiography*, New York, Norton, 1962. Citado por Winfried Nöth (ed.), *A Handbook of Semiotics*, Bloomington, University of Indiana Press, 1990, p. 430.

bem como a existência de sistemas de regras musicais explícitas e recursivas, como as regras lingüísticas. Ruwet julga promissora a contribuição da neurofisiologia, o estudo, por exemplo, das conexões entre ritmos biológicos e ritmos musicais. Também reconhece que as pesquisas na área da fonologia projetaram luz nova sobre as ligações entre parâmetros diferentes (altura, duração etc.) em obras particulares, e sobre o papel da repetição em peças de Debussy e Rameau. Da mesma forma, Ruwet acredita que a pesquisa sistemática de relações de equivalência formal contribuiu para revelar a coerência interna e a riqueza de elaboração de textos poéticos e musicais. Como propriedade fundamental, comum à linguagem musical e à linguagem poética, o musicólogo privilegia o princípio da repetição, identificado com a célebre formulação de R. Jakobson: a projeção, no eixo de combinação, do princípio de equivalência, situado no eixo de seleção.

Equilibrando-se entre a aceitação irrestrita e a negação absoluta da utilidade da lingüística para a análise musical, Ruwet lembra que a descrição adequada de um sistema semiótico exige que se postulem vários níveis abstratos de representação, caracterizados por unidades e regras próprias e interligados por regras de representação. Não encontrando equivalentes na linguagem musical, Ruwet descarta a utilidade, para a sua análise, de conceitos lingüísticos específicos como morfema, transformação, estrutura superficial e estrutura profunda etc. Também descarta o conceito de semântica musical adotado, por exemplo, por Nattiez, que apela para o "sentido evocador da música" e para elementos do contexto verbal ou situacional: título de obras, texto vocal, fatores situacionais no balé e na ópera etc. Utilizar esses elementos significa, para Ruwet, renunciar a estabelecer qualquer laço intrínseco entre a obra e o sentido.

No conjunto, a posição de Ruwet reflete a convicção de que o sentido da música lhe é imanente, só podendo, portanto, ser estudado na descrição da obra: o significado musical (aspecto inteligível, ou traduzível, como quer Jakobson) encontra-se na descrição do significante (aspecto sensível), em todos os níveis: produção, transmissão acústica, percepção, contrapartidas fisiológicas, como mudanças de ritmo cardíaco etc. Entretanto, Ruwet defende com entusiasmo a idéia de que a análise aprofundada de um fragmento de obra, de um conjunto delas, ou de um estilo de época, permite abstrair estruturas gerais homólogas a outras estruturas, ligadas à realidade e à vivência humanas. Nessa relação homológica residiria o "sentido" de uma obra musical. Como exemplo, Ruwet propõe um fragmento tonal composto de duas partes, A e A'; A termina com uma cadência interrompida, A' começa da mesma forma que A e termina com uma cadência perfeita. A primeira parte será interpretada como um movimento levado até certo ponto e então interrompido, e a segunda, como a retomada do mesmo movimento, dessa vez levado a seu termo. A simples descrição permite, nesse caso, chegar a uma certa estrutura – movimento esboçado e suspenso, depois retomado e concluído –, o que é homólogo a um conjunto indefinido de outras estruturas encontradas no real. Nessa relação homológica, só revelada pela análise formal interna do fragmento, reside, segundo Ruwet, o sentido (parcial) do trecho analisado[3]. Cabe aqui notar que, apontando para a homologia – ou equivalência estrutural – entre a composição musical e outras construções, Ruwet admite a correspondência entre a obra musical e o contexto social, essencial à construção do sentido musical. A questão merece destaque, pois nessa correspondência homológica reside, para alguns teóricos, o principal ponto de encontro entre os vários sistemas, inclusive os artísticos[4]. Resta mencionar os teóricos que, optando por uma posição afirmativa, admitem a possibilidade de uma semiótica musical, considerando a música um sistema de signos sonoros, com organização e significado próprios. Incluem-se entre esses J.-J. Nattiez, G. Stefani, S. Martin e P. Faltin[5]. O estruturalismo lingüístico vem marcando o ponto de partida para a

3. Cf. Nicolas Ruwet, *Langage, musique, póesie*, Paris, Éditions du Seuil, 1972, pp. 9-19.

4. Cf. Aguinaldo José Gonçalves, "Relações Homológicas entre Literatura e Artes Plásticas", *Literatura e Sociedade. Revista de Teoria e Literatura Comparada*, São Paulo, Faculdade de Filosofia, Letras e Ciências Humanas da USP, 1997, n. 2, pp. 58-68.

5. Ver, a propósito, Winfried Nöth, *op. cit.*, pp. 429-434. Também, Jean-Jacques Nattiez, *Fondements d'une Sémiologie de la Musique*, Paris,

maioria das análises semióticas, relacionando as estruturas frasais da música e os níveis hierárquicos do discurso verbal. Nattiez distingue três modelos para o estruturalismo musical: o funcionalismo da escola de Praga, o distribucionalismo (incluindo o estruturalismo textual de Lévi- Strauss) e a gramática gerativa.

O trabalho de Allan R. Keiler constitui um bom exemplo da aplicação desta última à análise musical. Keiler admite a contribuição do modelo empírico-taxonômico de Nattiez – especialmente seu conjunto preciso de procedimentos analíticos e estudos descritivos. Entretanto, prefere uma abordagem derivada da gramática gerativa transformacional, que acredita capaz de descrever parte da competência musical de "ouvintes nativos" da música tonal ocidental[6]. Na mesma linha argumentativa, um texto de A. M. Perlman e D. Greenblatt, também inspirado na gramática gerativa, analisa solos de *jazz*, buscando demonstrar que, embora improvisados, são construídos de acordo com restrições melódicas e harmônicas específicas. Para os autores, essas restrições são análogas às restrições semânticas e sintáticas das línguas naturais: improvisar um solo assemelha-se a construir uma oração. Na música, o domínio de certos princípios gerais equivale à competência lingüística; a execução regida por esses princípios corresponde ao desempenho lingüístico. Perlman e Greenblatt afirmam que o *jazz*, como as línguas naturais, pode ser descrito em termos de três níveis de estrutura – profunda, rasa e superficial. Assim, a estrutura profunda de uma canção é a harmonia subjacente, expressa nos símbolos que indicam os acordes na partitura impressa. Esses constituem uma base estrutural para a improvisação e têm de ser aprendidos pelo instrumentista. As improvisações do músico baseiam-se numa

Union Générale des Editions, 1975; Gino Stefani, *Introduzzione alla Semiotica della Musica*, Palermo, Sellerio, 1976; Serge Martin, *Le langage musical: sémiotique des systèmes*, Paris, Klincksieck, 1978; Peter Faltin, *Bedeutung äesthetischer Zeichen: Musik und Sprache*, Aachen, Reider, 1985.

6. Allan R. Keiler, "Two Views of Musical Semiotics", *The Sign in Music and Literature*, Wendy Steiner (ed.), Austin, University of Texas Press, 1981, pp. 138-168.

dada estrutura, semelhante à estrutura profunda, a qual, na linguagem verbal, pode ser realizada de modos diferentes. Assim, *João parece doente, Parece que João está doente* e *João aparenta estar doente* são diferentes realizações, na estrutura superficial, de uma mesma estrutura lingüística profunda. Da mesma forma, dezenas de canções podem partilhar as mesmas seqüências de acordes. Alguns trechos de *I Got Rhythm*, de Gershwin, forneceram material básico para tantas melodias que foram apelidados de *Rhythm Changes*. Em contraste com a estrutura profunda, encontrada na harmonia, o *jazz* tem, como a linguagem verbal, uma estrutura superficial – a melodia executada – bem como uma estrutura rasa, constituída pelo conjunto de possibilidades entre as quais o músico pode optar a cada momento.

Esses são apenas alguns exemplos da utilização por Perlman e Greenblatt da gramática gerativa para a análise musical[7]. A semiótica musical pode tomar outros caminhos, trilhados por teóricos tão diversos como Charles W. Morris, Charles L. Boilès, Charles Sanders Peirce, A. J. Greimas e Roland Barthes, cuja obra interessaria a um estudo mais profundo das contribuições da lingüística para a análise musical. Mais voltada para a contribuição da música para os estudos literários que para o esclarecimento de questões musicais, limito-me a mencionar o trabalho desses teóricos, aos quais remeto os interessados pela semiótica musical.

---

7. Alan M. Perlman e Daniel Greenblatt, "Miles Davis Meets Noam Chomsky: Some Observations on Jazz Imprivisation and Language Structure", *The Sign in Music and Literature*, Wendy Steiner (ed.), *op. cit.*, pp. 168-183.

2. OS ESTUDOS LITERÁRIOS E A ANÁLISE ESTRUTURAL DA OBRA MUSICAL

A metodologia utilizada em qualquer investigação relaciona-se necessariamente com um conceito que se tenha do objeto investigado. A melopoética, interessada na interface entre música e literatura, não constitui uma exceção. Ao buscar nos estudos literários um instrumental para a análise musical, escolherá aquele que seja compatível com a concepção de música abraçada pelo pesquisador. Para os que vêem na cultura o elemento decisivo para a construção musical, será mais útil a análise cultural, que, evidentemente, pode ser harmonizada com outras orientações. A crítica da recepção servirá melhor aos que atribuem à composição musical uma existência eminentemente potencial, a ser ativada por diferentes tipos de leitor: o ouvinte, o executante de uma peça instrumental, o regente de uma composição sinfônica, ou um conjunto integrado por todos esses "leitores". Da mesma forma, as várias vertentes da crítica feminista ou pós-estruturalista se prestarão mais ou menos à análise musical, dependendo não só da obra analisada, mas também da noção de música endossada pelo pesquisador. Neste capítulo, pretendo concentrar-me na contribuição da análise estrutural, originalmente destinada à pesquisa lingüística e literária, embora, dentro dos limites indicados, possa servir também à melopoética. Seu instrumental analítico assenta como uma luva ao trabalho daqueles que consideram a música um construto eminentemente formal, cujo sentido emana de uma organização – número, seqüência, contraste e repetição de elementos constitutivos. Dentro dessa óptica, qualquer sentido "referencial" – alusão a idéias, sentimentos, entidades ou ocorrências extramusicais – roça a composição como algo tangencial, dependente de interpretações subjetivas, às vezes incorporadas à tradição pelo prestígio de uma determinada comunidade.

Para a abordagem estrutural, a questão fundamental é sempre a da forma. Na música, assim como na literatura tradicionais, a impressão de um todo indivisível, orgânico, reminiscente de um organismo vivo, é criada por meio de um arcabouço global, refletido na estrutura das partes constitutivas. Esse arcabouço é claramente visível em alguns gêneros musicais que, com seu movimento progressivo, sugerem um discurso narrativo. Estruturas temporais explícitas são evidentes em formas dominantes no século XVIII, quando a fuga e vários outros gêneros empregando temas e variações – especialmente a forma sonata – forneceram modelos musicais, equivalentes a formas literárias renascentistas, como o soneto, a elegia e a épica, substituídos por outras equivalências nos séculos XIX e XX[1]. A arquitetura musical de formas definidas como a *sonata-allegro* exibe com clareza um processo de construção e síntese *sui generis*. Por meio dele, as principais "idéias" musicais desenvolvem-se e expandem-se, gerando elementos unificadores ou contrastantes e constituindo textos complexos, que atuam em diversos níveis. No conjunto composicional, notam-se os movimentos da peça, cada um integrando exposição inicial, desenvolvimento, clímax e re-

---

1. Cf. Nancy Anne Cluck (ed.), "Preface", *Literature and Music. Essays on Form*, *op. cit.*, p. vii.

solução. Dentro dos movimentos, existe ainda a inter-relação das frases, seções, repetições com ou sem variações, grupos de temas, transições. Na música tonal, a oscilação entre tonalidades principais e secundárias determina a unidade, os contrastes e a estrutura global da composição. O reconhecimento da inter-relação entre tonalidades – da nota fundamental e sua oitava, e, por derivação, de todo o sistema harmônico – é o mais poderoso princípio estrutural jamais inventado, afirma Susanne Langer, que considera a repetição como o segundo princípio estrutural, por ordem de importância[2]. Reconhecendo nesse tipo de estruturação o "sentido" intrínseco da música, alguns musicólogos admitem a existência do signo musical, dotado de um conteúdo semântico específico. Sergio Magnani fala do sentido musical em termos próximos de uma análise estruturalista e, finalmente, também da estética da recepção:

> O signo musical é portador de tensões: tensões horizontais rítmico-melódicas, tensões verticais contrapontístico-harmônicas, tensões de profundidade dinâmico-tímbricas. Tais tensões, recebidas e reelaboradas no ato da fruição, transformam-se em outras tantas configurações, adquirindo em nossa consciência o aspecto de uma gestalt ou forma de sentimento. Isso explica por que, para a assimilação da mensagem sonora, não é indispensável o conhecimento exato da linguagem musical, bastando o exercício de uma sensibilidade apurada, capaz de transformar o jogo das tensões sonoras em uma atividade espiritual subjetiva; quase uma recriação[3].

A posição de Magnani não exclui a possibilidade de se conceber a música como algo semelhante à literatura: arte temporal, envolvendo um sistema de comunicação, que articula signos, ou seqüências de informação, capaz, portanto, de ser analisado de forma comparável à arte irmã. Em ambas é possível encontrar elementos semelhantes aos usados pela análise estrutural, como eixo paradigmático e sintagmático e oposições binárias, implícitas nas "tensões horizontais" e nas "tensões verticais" mencionadas por Magnani. Numa obra ao mesmo tempo musical e literária, como o *lied*, ou a ópera, pode-se, por

2. *Feeling and Form, op. cit.*, pp. 125 e 129.
3. Magnani, *op. cit.*, pp. 56-57.

exemplo, apontar um eixo paradigmático, constituído pela correspondência entre os elementos musicais e os conceitos não necessariamente musicais. A análise estrutural pode incorporar outros elementos comuns à crítica literária e à musical, tais como os conceitos de norma e ruptura, narrativa, tema, desenvolvimento, repetição, complicação, resolução, colagem etc. Marshall Brown oferece um exemplo de análise estrutural quando aponta, na música do século XIX, oposições binárias comuns ao modernismo musical e ao literário[4]. Segundo Brown, a obra musical desse período organiza-se em torno de oposições gradativamente cristalizadas a partir da prática dos séculos anteriores: contrastes entre consonância e dissonância, tônica e dominante, frases simétricas e assimétricas, configurações rítmicas e melódicas, soprano e baixo, tempos fortes e fracos, solo e acompanhamento, instrumentos de corda e de sopro. Cada polaridade funciona de maneira específica e sua complexa inter-relação define a forma interna da peça. O denominador comum a todas as oposições apontadas é que um termo destaca-se como o principal, considerado normal, neutro e estável, enquanto o outro é o subordinado, percebido como anormal, instável e expressivo. Assim, quando os instrumentos de cordas são o elemento neutro, os de sopro adquirem relevo em seções internas da peça, sendo abundantemente usados no balé e na ópera. Geralmente, obras musicais começam com a tônica, caminham para uma tensão, mudam de tonalidade – o que se pode comparar ao desvio estilístico na linguagem literária –, voltando, finalmente, na resolução, à tonalidade inicial, que corresponde à norma, na linguagem verbal. Na ficção do século XIX há oposições binárias semelhantes: tensão e descontração, complicação e resolução, interesse pelo prosaico ou pelo pitoresco ou romântico, dissonância expressiva e normalidade estilística – categorias mais imprecisas e flexíveis na literatura que em seus equivalentes musicais, no entender de Marshall Brown[5]. Como tra-

---

4. Marshall Brown, "Origins of Modernism: Musical Structures and Narrative Forms", *Music and Text: Critical Inquiries, op. cit.*, pp. 75-92.
5. Brown exemplifica a maior flexibilidade da linguagem literária referindo-se à estrutura da ficção do século XIX, cujo enredo normalmente exi-

ço comum à narrativa musical e à literária o musicólogo destaca o papel da complicação, da dissonância não resolvida, que, impedindo o descanso, mantém o interesse, que se extingue com a solução do conflito. Ao fim do século XIX, continua Brown, impressionistas como Debussy, na música, e Chekhov, na literatura, mantêm a profundidade da composição recorrendo a reminiscências irônicas ou nostálgicas dos motivos e formas tradicionais: elas são as "catedrais submersas" do passado, lembram as cartas não remetidas e os crimes ocultos dos primeiros contos de Chekhov[6]. Na música, surgem novas composições, sem uma tonalidade identificável, colchas de retalhos costuradas a partir de motivos tradicionais – formas de colagem, semelhantes às surgidas na pintura e na literatura, poderíamos acrescentar. Em Debussy, como em Checkov, os elementos estruturadores do clímax tradicional permanecem um envólucro vazio; o desfecho surge apenas como uma pancada surda, sem o impacto dramático freqüente na arte do passado. É importante acrescentar que, como conseqüência da perda da direcionalidade tonal, outros parâmetros emergem do plano secundário, colocando-se em pé de igualdade como o aspecto melódico-harmônico.

A ênfase nos aspectos formais mencionados por Brown lembra o princípio do estranhamento desenvolvido pelo formalismo russo, bem como os sucessivos processos de ruptura descritos pela historiografia literária. As inovações musicais são explicadas de forma semelhante às literárias: quando a rotina começa a desgastar o interesse de certas formulações, manifesta-se a necessidade de renovação formal. Em contrapartida, velhos elementos, retirados de textos antigos,

---

gia um desfecho definido. No caso de contos de fada, os estudos de Vladimir Propp demonstram que essa norma tem a força de uma lei invariável. O mesmo não ocorre, entretanto, com o romance e o conto, cujo *dénouement* nem sempre assume as formas canônicas do casamento ou da morte. A música do mesmo período não permite essas liberdades. Há uma lei precisa, inflexível: toda peça musical deve obrigatoriamente terminar com uma cadência no mesmo tom do início. Chopin, Schumann e Beethoven oferecem raros exemplos experimentais de desvio dessa norma, mas apenas em condições muito específicas e cuidadosamente controladas. Marshall Brown, *op. cit.*, pp. 75-77.

6. *Idem*, p. 82.

podem com o tempo tornar-se semioticamente transgressores, expressivos – o tradicional passa a ser desestabilizador, o estável atua como fator de estranhamento. Embora igualmente fadadas, com o correr do tempo, ao desgaste da convenção, as novas formas chamam a atenção do leitor, forçam-no a enxergar o mundo "como se nunca o tivesse visto antes". Ilustrando essa constatação, Brown observa que, no fim do século XIX, a estabilidade da tônica, da oitava, é minada pela contínua modulação pós-wagneriana, combinada com os saltos expressivos dissonantes de Mahler e a liberdade rítmica que Schoenberg considerava progressista em Brahms. Em meio a tantas mudanças, privada de uma referência interna definida, a música procura coerência em algo extrínsico – semelhante ao que ocorre no balé e na música programática – enquanto a literatura busca um sentido simbólico, uma visão evanescente, além das palavras. Schoenberg sonha uma música nova, capaz de ultrapassar a linguagem em sua potencialidade de sentido. Segundo Brown,

a literatura aspirava à condição da música, tal como a música, à da linguagem verbal, e esses impulsos aparentemente contrários surgiam de um esforço único, de descartar a denotação em favor da concretude, tentando recuperar a expressividade prejudicada pela perda do controle formal.

Assim, *A Canção da Terra* de Schoenberg furta-se a um desfecho conclusivo. Em outros compositores – Bartok, Ravel e Prokofiev – também caem as polarizações que haviam estruturado a música nos 150 anos anteriores. Brown demonstra que a evolução, para a fragmentação, de formas polarizadas, anuncia tanto o pré-modernismo musical quanto o literário. Os fragmentos fortuitos de motivos entrelaçados em *Un Coup de Dés* de Mallarmé caracterizam uma espécie de atonalidade literária, enquanto os meandros desarticulados do romance *Jude the Obscure* e dos poemas de Thomas Hardy indicam a emancipação da dissonância[7]. A música já não é um organismo autodefinido, mas uma organização rizomática: à semelhança da literatura renovadora, geram-se fragmentos. Como

7. *Idem*, especialmente pp. 85-87.

ocorre no literário, o texto musical diz uma coisa, articulando outra. Nesse tipo de análise, a ênfase nos significantes e em seus entrelaçamentos reforça a concepção da música segundo a qual o código, mais que em qualquer outra arte, é a mensagem.

A análise estrutural da obra musical, semelhante à literária, combina-se com a apreciação do texto musical como uma forma de narrativa. A estratégia possibilita harmonizar uma análise técnica com uma dimensão metafórica. Assim procede o musicólogo Thomas Grey, que propõe substituir metáforas utilizadas por críticos anteriores pela noção de narrativa, definindo-a como uma história construída em termos miméticos, diegéticos ou teleológicos[8]. Grey adapta para a composição musical o modelo de análise literária concebido por Gerard Genette em *Figuras III*, alegando que os dois sistemas semióticos empregam processos construtivos comuns, como prolepses e analepses, além de supor relações desenvolvidas com o tempo, pela antecipação ou pela recapitulação de eventos, com princípio, meio e fim. Como na literatura, a introdução à obra musical atua como uma prolepse, atraindo a atenção e encorajando as expectativas do ouvinte/ leitor.

Recorrendo a esse modelo para a análise da *Sétima Sinfonia* de Beethoven, Grey faz uma breve revisão da tradição hermenêutica dessa sinfonia. Em meados do século XIX a crítica destacava a proeminência de um tema central, que sugeria um ritual, cerimônia ou festival. Os movimentos, interligados por uma série de eventos musicais de caráter formal, passam da solenidade hierática do *Allegretto*, do tom celebratório do primeiro e do terceiro movimentos, até o orgiástico *finale*. Na época, o popularíssimo *Allegretto* atraiu o maior número de interpretações. Seu constante passo ritmado e sua forma dinâmica sugerem, segundo os críticos, primeiro a aproximação, depois o afastamento de um cortejo. Schumann relata uma leitura do *Allegretto* como representação de uma cerimônia de casamento em suas várias etapas, da chegada

---

8. Thomas Grey, "Metaphorical Modes in Music Criticism: Image, Narrative and Idea", *Music and Text: Critical Inquiries, op. cit.*, pp. 93-117.

dos convidados, na introdução e no primeiro movimento, até o bacanal pós-nupcial do *finale*, quando se abandona toda etiqueta; os convidados, bêbados, espalham mesas, espelhos, candelabros, e a festa termina num perfeito pandemônio. Para o historiador Ludwig Nohl, geralmente comedido em seus comentários, a *Sétima Sinfonia* foi não apenas a primeira obra musical realmente romântica, mas também, num período impregnado de reverberações napoleônicas, a primeira tentativa de representar a história por meio da música.

A análise de Grey busca justificativas formais para essas interpretações. Considera a introdução ao primeiro movimento mais arquitetural que a maioria das composições semelhantes, especialmente devido à reiteração de uma frase musical (b) após o desenvolvimento de uma idéia musical introdutória (a). Essa parte também inclui um fragmento melódico de dezesseis notas ascendentes, correspondentes a duas escalas, dispostas em intervalos de terças, evocando majestosas escadarias atravessadas por gigantes. Eis a representação gráfica da interpretação de Grey:

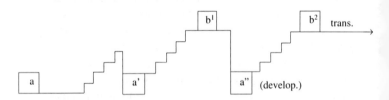

Beethoven, Sinfonia nº 7, primeiro movimento, poco sostenuto

a) compassos 1-4
b) compassos 23-26

Quase todos os comentadores notam um vivo sentimento de expectativa despertado por essa introdução: à semelhança de uma introdução literária, sinaliza a magnitude dos eventos prenunciados. Nos instrumentos de cordas, os fragmentos melódicos ascendentes afastam-se aos poucos da tônica, com reiteradas modulações dos amplos intervalos de (a) sobre uma linha descendente de tons graves, sugerindo um aceno em direção a algo longínqüo: "o trecho descrito como escada leva duas vezes a tonalidades distantes, dó e fá bequadro, em cada uma das frases (b): uma espécie de marcha, ouvida à distância, como um gesto de misteriosa anunciação"[9]. A respeito, Grey relata a manifestação do crítico russo Alexander Ulybyshev: "para onde levam as escadas? A algo decepcionante, já que a marcha esboçada parece débil, como se registrasse uma intenção irônica do compositor". Segundo Grey, a observação acertadamente sugere relações causais entre acontecimentos musicais, reconhecendo seu valor funcional – além das questões abstratas de equilíbrio, proporção e ordem. A "escada" da sinfonia anuncia acontecimentos futuros, caracterizando uma prolepse, na terminologia de Gerard Genette. Grey acrescenta que os presságios temáticos semelhantes às prolepses tonais de Beethoven passam a aparecer em introduções sinfônicas posteriores, reiterando a função narrativa da introdução.

Prosseguindo sua análise musical segundo o modelo da narrativa, Grey nota uma espécie de reversão no início do *Vivace*. Os instrumentos de sopro sugerem um ambiente pastoral, mas, desde o início, "o belicoso contingente das cordas está esperando impacientemente", até que gradativamente afirma sua presença, no momento da contraposição ao tema principal. "Toda a orquestra é alertada para uma situação crítica inesperada, e a atmosfera torna-se épica, levando a pacífica população rural a uma gloriosa batalha". O papel das cordas é dramatizar essa relação, além da contra-argumentação caracteristicamente estridente da orquestra. As associações problemáticas das tonalidades-chave, em dó e fá, são resolvidas nos

9. Thomas Grey, *op. cit.*, p. 105.

movimentos seguintes. No frenético bacanal do *finale* exorcisam-se os traumas tonais do primeiro movimento. Seguindo o exemplo da *Sétima Sinfonia,* o final das sinfonias de compositores posteriores a Beethoven convida o ouvinte a interpretá-lo como uma conseqüência dos eventos musicais precedentes – o que confirma a propriedade de empregar para a análise da composição musical um modelo semelhante ao da análise estrutural da narrativa. Segundo Grey, uma forma semelhante de leitura foi prenunciada por críticos anteriores, em função da temporalidade e causalidade evidentes em composições musicais. Sem desconhecer as críticas a análises como a sua, Grey reitera a validade da análise musical em termos de narrativa, afirmando que ela freqüentemente contribui para a identificação de autênticas estratégias formais próprias da música.

Como Grey, Anthony Newcomb recorre a uma análise estrutural semelhante à usada para a narrativa literária, negando, contudo, que a narrativa musical se assemelhe ao relato de uma história[10]. Newcomb concorda com Paul Ricoeur, apontando no discurso musical uma estrutura que força o leitor/ouvinte a interrogar-se a cada momento sobre o ponto em que se encontra e sobre a série de eventos paradigmáticos apresentados. Isso, por sua vez, leva à apreensão de uma configuração coerente, ainda que temporária[11]. Reportando-se à *Nona Sinfonia* de Mahler, Newcomb reafirma que enredo e episódios, não sendo monopólios da narrativa verbal, associam-se também na música a procedimentos temporais paradigmáticos, operações ou seqüências transformacionais. Numa composição musical, podem identificar-se, além de temas, ou seqüências de seções funcionais, diferentes formas de fazer um elemento conduzir a outro, transformar-se nele, interrompê-lo, distorcê-lo ou substituí-lo. Na narrativa musical como na literária, Newcomb destaca a função do início, identificando-o como "Eros, o desejo da narrativa, o impulso

---

10. Anthony Newcomb, "Narrative Archetypes and Mahler's Ninth Symphony", *Music and Text: Critical Inquiries, op. cit.,* pp. 118-136.
11. Paul Ricoeur, "Narrative Time", *Critical Inquiry* 6 (1980), pp. 169-190, especialmente p. 174, *apud* Newcomb, *op. cit.,* p. 118, note 4.

dos princípios, do estímulo e da tensão". Caracteriza o meio da narrativa como espaço dilatório, de erro e revelação parcial, no qual se elaboram os problemas expostos no início. Já nas primeiras cinco páginas da partitura de Mahler, Newcomb aponta um contraste, usado pelo menos desde Wagner, entre uma pureza diatônica e um cromatismo subversivo. A expressão de estados de espírito conflitantes é reforçada por virtualmente todos os elementos musicais: ritmos, melodias e harmonias contrastantes, atingindo, ao fim dos primeiros quarenta compassos, um efeito de plácida estabilidade, logo insidiosamente minada. Novas oscilações tonais sugerem crise, confronto, desmoronamento – forma de terminar uma seção que Adorno considera típica de Mahler. Do confronto e desmoronamento, a música se desvia para uma transição tão característica e original que força uma explicação referencial: o protagonista está reconstruindo a vida após uma experiência desastrosa.

Passando à função da repetição e da variação, Newcomb cita o texto de Peter Brooks, *Reading for the Plot*: "repetição, recapitulação, simetria, a volta [ao material anterior] e o retorno desse material permitem interligar momentos textuais distintos, em termos de semelhança ou substituição, mais do que de mera contigüidade"[12]. A repetição, como na interpretação freudiana, visa dominar uma situação problemática do passado que volta a se apresentar, buscando um desenlace satisfatório: repete-se, para fugir ao destino da repetição. No caso da sinfonia de Mahler, o desfecho sugerido pode ser o repouso da morte ou uma espécie de tranqüila disponibilidade, conquistada na maturidade. A ambigüidade reflete o que Newcomb considera a glória da narrativa musical, em contraste com a narrativa literária tradicional: poder sugerir essas questões de modo bastante concreto, mas sem necessidade de uma definição.

---

12. Peter Brooks, *Reading for the Plot*, pp. 92 e 101, citado por Newcomb, *op. cit.*, pp. 132-133.

3. A ESTÉTICA DA RECEPÇÃO E A ANÁLISE DA OBRA MUSICAL

Como a análise estrutural, inicialmente voltada para os estudos lingüísticos e literários, a estética da recepção vem, com suas diferentes vertentes, contribuindo para a análise musical. As teorias sobre a relação entre a mensagem artística e seu receptor são na verdade tão antigas quanto a reflexão sobre a produção estética. Foi por considerar deletério o efeito da arte sobre o público que Platão baniu os poetas de sua República. No pólo oposto, outros pensadores apontam um valor ético na literatura, admitindo também, embora de outra forma, sua influência sobre o leitor. Noções aparentemente distintas, como a catarse, de Aristóteles, o sublime, de Longino, o estranhamento, dos formalistas russos, a análise da leitura de poemas por I. A. Richards, bem como o chamado efeito de alienação brechtiano realçam, cada um a seu modo, o papel do leitor, elevando-o implicitamente à estatura de co-autor. Como denominador comum a essas posturas críticas, destaca-se a idéia de que parte da obra resulta, não de suas características intrínsecas, mas da ação criadora do intérprete – que pode englobar, além do leitor individual, toda a consciência social. É o que supõe o estruturalismo de Praga, na formulação de Jan Mukarowisky. Segundo ele, a obra de arte é um signo constituído por três elementos: um símbolo sensório, criado pelo artista, um sentido (= objeto estético) situado na consciência social, e uma relação com a coisa significada – relação essa que remete a todo o contexto social[1]. A consciência social pode aqui ser tomada como um leitor/ intérprete coletivo, que se projeta na consciência individual. De qualquer forma, sem a participação de um intérprete, a obra literária, como a musical, assemelha-se a uma partitura, simples material recoberto de caracteres gráficos. Só a ação de um leitor/ouvinte pode chamá-la à vida, galvanizar a criação meramente potencial latente na representação gráfica.

Essa imagem de leitura, inspirada na execução musical e desenvolvida pela crítica literária afirma que, como a partitura musical, o texto só se concretiza com a sua execução, com a indispensável mediação de um intérprete. O marco inicial para o desenvolvimento dessa estética da recepção foi a conferência *A História da Literatura como Provocação à Teoria Literária*, proferida em 1967 por Hans Robert Jauss na Universidade de Constança. Reagindo contra os paradigmas histórico, estruturalista, marxista ou esteticista, vigentes até então, Jauss estabeleceu a leitura, ponto de encontro entre texto e leitor, como forma de confronto dialógico, de produção e recepção textual, a partir do qual a obra literária passa efetivamente a existir. Isso ocorre por meio da interação dos elementos textuais com o leitor, especialmente com seu horizonte de expectativas, sua consciência da literariedade e do caráter ficcional da obra. Cada texto supõe, assim, um intérprete, o leitor implícito, capaz de construí-lo, conforme a noção desenvolvida por Wolfgang Iser. O leitor implícito capta e articula os momentos de ruptura, os procedimentos instigantes e

---

1. Jan Mukarowisky, "Art as a Semiotic Fact", *Structure, Sign and Function*, trad. e ed. John Burbank e Peter Steiner, New Haven/London, Yale University Press, 1978, p. 85.

desafiadores da obra, contribuindo para sua existência como objeto estético[2].

As noções da estética da recepção foram posteriormente desenvolvidas por outros teóricos. Voltados ora para o papel do leitor individual – algumas vezes um superleitor (como quer Michel Riffaterre) ou um leitor informado (segundo Stanley Fish) – seus posicionamentos articulam-se com os de estruturalistas como Jonathan Culler e pós-estruturalistas como o próprio Fish[3]. Assim, os conceitos de competência literária, desenvolvido por Culler, moldado no de competência lingüística, e de comunidade interpretativa, proposto por Fish, podem ser harmonizados com as concepções de recepção criadora e de leitor implícito. Radicalizada, a postura representada por esse conjunto de noções atribui tal importância ao papel da recepção que admite a existência de tantos *Hamlets* quantos forem os leitores do texto ou os espectadores da peça, ou de sinfonias *Eroica* em número igual ao de seus ouvintes. Na mesma linha de raciocínio, John Blacking comenta que a partitura da sonata *Hammerklavier* de Beethoven, ou mesmo os pronunciamentos do compositor a respeito, não bastam para sua compreensão como obra musical. Diferentes percepções e reescritas da sonata incorporam-se a ela, da mesma forma que sua criação e primeira execução dependeram da tradição pianística; as diferenças entre as interpretações de Claudio Arrau e de Maurizio Pollini, ou entre a de Arrau aos 25 anos e a de Arrau aos 65 – prossegue Blacking – revelam muita coisa a respeito da música como experiência humana, e, portanto, a respeito da execu-

---

2. Ver, a respeito, Hans Robert Jauss, *A História da Literatura como Provocação à Teoria Literária*, trad. de Sérgio Tellaroli, São Paulo, Ática, 1994; Wolfgang Iser, *The Implied Reader*, Baltimore, The John Hopkins University Press, 1974. Também de Iser, *The Act of Reading. A Theory of Aesthetic Response*, Baltimore, The John Hopkins University Press, 1980; Umberto Eco, *The Role of the Reader. Explorations in the Semiotics of Texts*, London, Hutchinson, 1983; Susan R. Suleiman e Inge Crosman (eds.), *The Reader in the Text*, New Jersey, Princeton University Press, 1980.

3. Jane Tompkins (ed.), *Reader Response Criticism. From Formalism to Post-Structuralism*, Baltimore, The John Hopkins University Press, 1981; Stanley Fish, *Is there a Text in this Class? The Authority of Interpretive Communities*, Cambridge, Mass., 1980.

ção musical e da escolha das estruturas usadas para a comunicação[4].

Sobre a atuação do ouvinte/intérprete, adota-se comumente uma posição conciliatória entre o relativismo e o radicalismo. Acredito, como tantos outros, que a leitura envolve um processo duplamente ativo, ao mesmo tempo objetivo e subjetivo: o texto é, por um lado, controlado pelos elementos nele embutidos e, por outro, constituído pela ação do leitor.

A estética da recepção vem sendo bastante utilizada para a análise da obra musical. Emprestando seu aparato crítico à musicologia, a crítica literária paga assim a dívida para com a origem musical da metáfora que explora a analogia do texto literário com uma partitura, dependente de um executante/intérprete para sua plena existência. Em contrapartida, alguns musicólogos comparam a peça musical à obra de arte verbal. Como esta, a composição musical é constituída a partir de uma "leitura" – audição ou interpretação – efetuada por ouvintes/executantes habilitados por sua competência auditiva/performativa e por sua familiariedade com as convenções de uma comunidade interpretativa, que possibilita e valida a "execução" da obra. Desse modo, o "leitor" da obra musical compreende vários indivíduos, desde o simples ouvinte até as várias espécies de intérprete: o cantor de um *lied*, o executante de uma peça instrumental, o regente de um coral ou sinfonia. O desempenho de qualquer deles tem seu início numa "leitura" ou interpretação, ação criadora do ouvinte/intérprete, ambos "executantes" da partitura. Chega-se, assim, ao que alguns musicólogos denominam a abordagem institucional da obra musical – expressão utilizada pro George Dickie e citada em texto de John Neubauer – que corresponde à crítica da recepção nos estudos literários. A abordagem institucional incorpora noções como competência e convenção literária. Para essa abordagem, nenhum texto existe como criação artística se não for tratado como tal por uma comunidade interpretativa, isto é, um grupo de leitores/críticos formal ou informalmente autorizado a exercer juízos de valor. Um conceito

---

4. John Blacking, "The Problem of 'Ethnic' Perceptions in the Semiotics of Music", *op. cit.*, p. 190.

afim ao de comunidade interpretativa, introduzido por Arthur Danto, é o de contexto artístico (*art world*) – que exige do público certa postura teórica e conhecimento da história da arte, sem os quais é impossível identificar qualquer objeto como obra de arte. Neubauer menciona também a escola de Frankfurt, destacando o ensaio de Benjamin sobre o impacto de formas de arte reproduzíveis – como o cinema e a fotografia – e a sociologia da música desenvolvida por Adorno. Partindo dessas manifestações, Peter Bürger expande o campo da abordagem institucional, incluindo nela não só mecanismos de produção, mas também de distribuição do objeto artístico, bem como as idéias sobre arte predominantes em determinado momento histórico, as quais condicionam basicamente a recepção[5].

Neubauer enfatiza a importância da leitura/execução da obra musical lembrando que só ela pode suprir certos elementos, uma vez que é impossível ao compositor incluir na partitura todas as variáveis indispensáveis à interpretação. Por isso os musicistas – como os leitores/críticos de obras literárias nas quais a seqüência das partes não foi claramente estabelecida (caso de *O Castelo* de Kafka) ou sem textos definitivos (como as peças de Shakespeare) – sempre desfrutaram da liberdade de interpretação que Eco, falando da obra aberta, reivindica para a literatura. A distinção entre obra fechada, obra aberta ou em andamento seria, assim, difícil de manter: mesmo os defensores da estabilidade do texto cada vez mais reconhecem que o sentido não é uma propriedade permanente da obra de arte, mas algo repetidamente constituído e reconstituído pela leitura, pela contemplação ou pela audição criativa.

No caso da música essas reflexões trazem à tona o interesse pela execução "autêntica", isto é, pela reconstituição histórica de peças musicais com os mesmos instrumentos e da mesma forma como foram tocadas na época de sua criação. Por várias razões, Neubauer considera uma falácia a pretendida reconstituição. Por motivos ligados tanto à produção quanto à recepção da obra, nunca se pode saber como "era exatamente": Como o leitor do texto literário, o concertista

---

5. John Neubauer, "Music and Literature: The Institutional Dimensions", *Music and Text: Critical Inquiries, op. cit.*, pp. 3-20.

confere vida a algo que, sem seu desempenho, existe apenas no papel. As partituras jamais incluem todos os elementos necessários à execução. A notação musical, observa Magnani, não passa de

uma simbologia gráfica rudimentar, que ao próprio filólogo/intérprete permite apenas intuições vagas, que só a execução é capaz de revelar plenamente. [...] A obra vive somente na consciência do receptor, sendo fora dela – até para seu criador, uma vez passado o momento da criação – um repositório de signos mortos[6].

Em determinados períodos, as indicações são, às vezes, propositadamente incompletas: no século XVIII, costumava-se deixar espaço para a liberdade do intérprete e até para a introdução de suas próprias variações. Retomando essa tradição, um compositor moderno, o revolucionário John Cage, reduz ao mínimo os dados da partitura, facilitando a variedade de interpretações: "deve-se esquecer a relação entre o que está escrito e o que se ouve [...] a manifestação extrema dessa forma de notação seria não ter notação alguma", observa Cage[7].

Considerando todas essas razões, Neubauer, concluindo seu raciocínio sobre a impossibilidade do concerto realmente "autêntico", acrescenta que para realizá-lo seria necessário ressuscitar, não só instrumentos e outros elementos, mas também o ouvinte do passado, cujos ouvidos e horizontes de expectativas, diferentemente dos nossos, não tivessem sido condicionados pela música moderna. A reconstituição histórica literal, por sua inviabilidade, passa, assim, a constituir mais uma possibilidade de experimentação moderna, privilegiando o executante e obscurecendo a linha divisória que o separa do compositor. É o que sugere novamente Cage, quando declara que "a estrutura musical não é colocada na composição, mas emerge no indivíduo que a percebe"[8]. Também, como no

6. Sergio Magnani, *Expressão e Comunicação na Linguagem da Música*, *op. cit.*, pp. 40, 42-43 e 48-50. Do mesmo autor, "Arquitetura e Música, Artes da Organização dos Espaços", *Boletim Cultural* da Universidade Federal da Bahia, jul.-ago. 1967, n. 128-129.

7. Citado por Neubauer, *op. cit.*, p. 9.

8. John Cage, *Silence. Apud* Charles Hamm, "Privileging the Moment of Reception", *Music and Text: Critical Inquiries*, *op. cit.*, p. 33.

caso da literatura, a atuação do "leitor" (ouvinte ou executante) da obra musical é em grande parte programada pelas convenções institucionais existentes.

Neubauer observa entretanto algumas diferenças entre a execução do texto literário e a da peça musical. Um concerto exige a presença do público, que necessariamente influi sobre o desempenho do músico. Nos tempos modernos, a leitura da obra de arte verbal é, pelo contrário, um ato privado e silencioso. Em contrapartida, a existência das gravações permite também a audição particular de um concerto, fato que, segundo Neubauer, lembrando Benjamin, pode privar a obra de parte de sua "aura". O concertista necessita ademais de um longo treinamento, que inclui elementos corporais, além da preparação mental também indispensável ao leitor de texto literário.

Neubauer conclui seu artigo criticando as posições extremistas da abordagem institucional. Acredita, por exemplo, que Fish e seus seguidores desconstruíram o sujeito histórico apenas para substituí-lo por uma comunidade interpretativa igualmente rígida e reificada:

> Se paradigmas e comunidades interpretativas tivessem poder absoluto, seria difícil explicar por que e como mudam não apenas os indivíduos mas também as instituições. [...] Uma teoria de interpretação institucional responsável terá de reconhecer que o sentido atribuído por nós a uma obra de arte é co-determinado pelas propriedades da obra, pela disposição emocional e intelectual do observador, e pelas convenções orientadoras das instituições envolvidas. Em si mesmos, nenhum desses fatores é suficientemente forte ou fixo para definir o sentido. [...] De acordo com a teoria de Nelson Goodman, as obras de arte têm um conjunto de qualidades muito grande, embora limitado, e *exemplificam* um certo subconjunto dessas qualidades de acordo com as circunstâncias específicas. Assim o som da clarineta pode exemplificar um certo timbre e altura, e pode também exemplificar a doçura ou a melancolia de um certo motivo musical. Timbre e altura são qualidades mensuráveis do som, doçura e melancolia são rótulos metafóricos e emocionais que aplicamos a configurações sonoras, de forma que os sons *exprimam* doçura e melancolia para nós. Só certas qualidades do som serão exemplificadas para nós (metafórica ou literalmente) em qualquer situação particular, outras permanecerão, por assim dizer, adormecidas. Quais qualidades serão essas depende realmente das convenções de audição de nossas instituições. Mas isso dependerá também da disposição pessoal do ouvinte no momento da audição. Na focalização seletiva das qualidades da obra, interagem forças individuais e institucionais. Elaborar um modelo para isso constitui

uma das tarefas mais desafiadoras para uma estética e uma teoria institucional tanto da música quanto da literatura[9].

O texto de Neubauer resume aspectos bastantes gerais de uma teoria da recepção voltada igualmente para a literatura e para a música. Restringindo-se à última, Peter Rabinowitz faz observações associadas com o horizonte de expectativas do ouvinte, reiterando que a audição, como a leitura, não é passiva: só teorias e noções anteriormente adquiridas a respeito da música permitem ao ouvinte transformar em experiência musical a matéria-prima do som. Por isso, há regras que controlam a audição, regras implícitas, não prescritivas, mas convencionais. Consistem em estratégias para a construção do sentido, cujo conhecimento os compositores esperam dos ouvintes, embora não sejam infalivelmente observadas. Originalmente regras semelhantes, que interagem umas com as outras, foram estudadas em relação ao texto literário. Entre as equivalentes musicais, há regras para despertar a atenção, indicar sentidos simbólicos, relacionar certos elementos, agrupá-los de forma a constituir um todo, desenvolver expectativas, antecipar conclusões etc. Rabinowitz exemplifica essas estratégias em peças musicais, começando com maneiras convencionais de iniciar uma composição. A forma sonata, construção clássica por excelência, deve, no primeiro movimento, conter dois temas que dialoguem entre si, sendo também essencial, segundo alguns teóricos, uma instabilidade tonal inicial, envolvendo a justaposição de duas áreas tonais conflitivas. Quanto às regras relativas ao agrupamento de elementos, visando à construção do sentido musical, Rabinowitz menciona a existência de temas musicais que se tornam significativos em virtude de sua relação mútua: o final da *Segunda Sinfonia* de Mahler deve seu efeito ao fato de terminar com uma variante da melodia lírica integrante do primeiro movimento. Evidentemente, diferentes ouvintes poderão perceber, ou não, a inter-relação temática. Poderão captar ou desconhecer referências a outras obras, dependendo de sua "grade intercomposicional", isto é, de seu repertó-

9. Neubauer, *op. cit.*, pp. 17 e 19-20.

rio individual de peças conhecidas. A expectativa de um desfecho caracteriza, em contrapartida, uma regra de configuração. A configuração da obra musical depende das pressuposições do ouvinte a respeito dela. Urge lembrar ainda que a música, mais que uma ocorrência natural, ilustra uma prática cultural mutável; as normas e as expectativas geradas por elas sempre variam de acordo com o contexto. As diversas resoluções possíveis de um acorde dependem de ser ele ouvido no contexto da prática harmônica de Haydn e Mozart, ou de Debussy e Bax.

Desenvolvendo esses e outros tópicos, Rabinowitz estabelece uma oposição entre o que denomina o nível atributivo e o técnico – "atributivo" equivalendo a "institucional", na terminologia de Neubauer. O nível técnico corresponde a tudo o que é especificamente indicado pela notação musical, sendo geralmente usado por especialistas em explicações detalhadas da estrutura de determinadas composições. Alguns analistas acreditam que a experiência do ouvinte decorre mais ou menos diretamente desse nível técnico. Entre esses, Rabinowitz cita W. J. Henderson, crítico musical do século XIX: "A mais elevada forma de música é aquela que nada contém além da própria música, que exerce seu domínio sobre nós exclusivamente por força de seu próprio e soberano poder". Rabinowitz, pelo contrário, julga que, mesmo quando a reação do ouvinte não é apenas instintiva, mas resulta de uma educação musical, são raros os efeitos causais imediatamente decorrentes do nível técnico. Com mais freqüência, a música exige uma atitude interpretativa particular, referente ao nível atributivo. Este não se superpõe à estrutura sonora, como a colorização às imagens de um filme em preto-e-branco: é parte essencial da música, atribuindo-lhe seu sentido próprio. É por meio do nível atributivo que o ouvinte processa o técnico, recorrendo a uma série de estratégias interpretativas, constitutivas do sentido. Os manuais destinados a orientar o ouvinte sugerem, na verdade, estratégias desse tipo, oferecendo uma estrutura verbal para o processamento dos sons. Com a estrutura proposta o ouvinte organiza o material sonoro apreendido. Ao ouvir, captamos sempre uma combinação complexa de sons musicais e discurso verbal, afirma Rabinowitz: a experiência da audição musical de-

89

pende parcialmente das pressuposições, muitas delas de origem verbal, que tendem fortemente a moldar e controlar as observações do analista e a experiência do ouvinte.

A audição musical depende também de nossa experiência total nesse campo, de nossa grade intercomposicional – todas as composições musicais que temos em mente quando ouvimos uma peça, e em função das quais avaliamos o que ouvimos. Embora não use essa expressão, Rabinowitz está na verdade falando da intertextualidade musical.

As pressuposições e toda a experiência musical anterior do ouvinte apresentam corolários curiosos, quando se trata de execuções "autênticas", tentativas de reproduzir exatamente as apresentações "originais" de partituras antigas. A provável familiaridade do ouvinte moderno com peças de criação mais recente altera potencialmente o sentido de todas as anteriores. O ato de ouvir cria, em parte, a obra ouvida, tal como acontece com a leitura em relação ao texto literário. Mesmo se fosse possível reproduzir exatamente os sons do início do século XIX, não se lograria uma audição igual à pretendida por Beethoven: os ouvintes de sua época teriam uma grade intercomposicional diferente; ouviriam suas composições em função dela, e não da grade que condiciona a experiência do ouvinte moderno. Apreciadores da música nascidos em períodos históricos diferentes provavelmente atribuirão uma hierarquia também diferente aos elementos musicais. Paradoxalmente, em nossos dias, conclui Rabinowitz, concertos "autênticos" de peças antigas serão mais notáveis por sua novidade que por sua autenticidade. Serão válidos pela mesma razão que é válida a versão dada por Liszt às sinfonias de Beethoven: renovam algo que, para alguns, poderia ser considerado envelhecido. Rabinowitz não contempla essa possibilidade, mas ela é sugerida pelas modernas teorias sobre a criação artística: reescritas de textos antigos constituem criações novas, ligadas ao chamado original por laços intertextuais, na verdade semelhantes aos existentes entre todas as obras literárias. Se buscamos nas execuções "autênticas" a recuperação do passado, estamos incorrendo em um equívoco. Pois a reconstrução histórica tem menos a ver com o número, o timbre, e o tipo de instrumentos, ou mesmo com as práticas contemporâneas de execução musical, do que com o aparato atributivo por meio do qual as obras foram processadas pelos ouvintes aos quais se destinavam. Discutindo o papel das expectativas do ouvinte e da comunidade interpretativa na criação do sentido musical, Rabinowitz fala dos esforços contrários às tentativas de recuperar o efeito original de obras de Bach, Mozart, ou Beethoven: a modernização, leitura renovada, ou reescrita do repertório tradicional. Godowsky reescreve os *Estudos* de Chopin, Mahler recria *A Morte e a Donzela* de Schubert. Há versões de *Le Sacre du Primptemps* para piano e acrescentam-se movimentos a sinfonias inacabadas, como a *Décima* de Schubert e a *Nona* de Bruckner[10]. Rabinowitz chama essas reescritas de "parasíticas"; mais apropriadamente, podemos considerá-las transcrições, transformações ou traduções criativas, como querem certos teóricos contemporâneos[11]. Ao fazê-lo, atribuímos à relação intertextual de obras musicais o mesmo valor que lhe concedem, na esfera do literário, Kristeva e outros críticos pós-estruturalistas. A intertextualidade, mola propulsora da criação, processo básico subjacente à paródia, ao pastiche, à tradução e a toda forma de (re)criação, preside à renovação da série literária, contribuindo para a constituição de um "mosaico de textos", nunca auto-suficientes, sempre cercados de aspas invisíveis que remetem infindavelmente a outros textos. Na música, como na literatura, é inútil a "mitológica exigência da criação a partir do nada", na pitoresca expressão de Robert Schwartz[12]. Nesse sentido, a crítica literária pós-estruturalista, que desmistifica os conceitos de criação original e autoria, pode prestar bons serviços também à análise musical.

10. O texto de Peter J. Rabinowitz resumido acima é "Chord and Discourse: Listening through the Written Word", *Music and Discourse: Critical Inquiries*, *op. cit.*, pp. 38-56.

11. Ver, a propósito, "Odorico Mendes: O Patriarca da Transcriação", introdução de Haroldo de Campos à *Odisséia* de Homero, traduzida por Manuel Odorico Mendes, São Paulo, Edusp, 1992, pp. 9-14.

12. Roberto Schwartz, "Nacional por Subtração", *Que Horas São?*, São Paulo, Companhia das Letras, 1989, p. 48.

4. A CRÍTICA CULTURAL, A CRÍTICA FEMINISTA E A ANÁLISE DA OBRA MUSICAL

Como alguns críticos literários, os musicólogos adeptos da estética da recepção buscam um meio termo entre um relativismo desmedido e um essencialismo ultrapassado: partem do pressuposto de que a liberdade de interpretação nunca é ilimitada, estando condicionada por pressupostos históricos e sociais. A propósito, Charles Hamm lembra a afirmação de Felix Vodieka: "o objeto da história da recepção não são as reações individuais, mas as regras e sistemas normativos que determinam a forma pela qual os textos são percebidos por grupos sociais e condicionados pela história, pela sociedade e pela origem étnica"[1]. Destacando o papel dos grupos sociais e da evolução histórica, a observação de Vodieka ilustra um tipo de postura que constrói uma ponte entre a estética da

---

1. Charles Hamm, "Privileging the Moment of Reception", *Music and Text: Critical Inquiries, op. cit.*, pp. 21-37.

recepção e a crítica cultural, de particular interesse para este trabalho.

Como exemplo, Hamm analisa a recepção, na África do Sul dos anos de 1980, da canção *All Night Long* do compositor norte-americano negro Lionel Richie. A origem da composição não é facilmente reconhecível numa primeira audição. Detectam-se características da música do Caribe, acessíveis a vários grupos culturais, mas também detalhes que poderiam ser interpretados como específicos em diferentes momentos e locais de recepção. Hamm lembra que os ouvintes de Richie na África do Sul dos anos de 1980 eram negros falantes de diversas línguas africanas, com algum conhecimento de inglês, e sujeitos às insuportáveis restrições do *apartheid*. Estavam habituados a ouvir em sua própria língua a Radio Bantu, criada para fortalecer entre as várias "tribos" negras da região a idéia de uma identidade étnica e "nacional". O objetivo dos partidários do *apartheid* era inibir o sentimento de unidade racial, dando a cada grupo negro a ilusão de ter seu próprio "estado nacional". A familiaridade com o inglês como segunda língua possibilitava a compreensão geral do texto de Richtie, incluindo as frases "Everybody sing, everybody dance, come on and sing along. People dancing in the street, see the rhythm all in their feet". Entretanto, em vez de detectar na letra a insinuação sexual captada pelo público norte-americano, os ouvintes negros da África do Sul prenderam-se ao sentido literal da letra, interpretando-a à luz da cultura tradicional local, como descrição de dança e canto grupal. Salpicadas pelo texto, algumas palavras da língua Swahili – *karamu, jambo, jambali* –, embora desconhecidas dos ouvintes, foram provavelmente percebidas como genericamente africanas. A expressão *Tom bo*, destacada de seu sentido literal, foi possivelmente interpretada como alusão a Oliver Tambo, líder do Congresso Nacional Africano, então exilado em Zâmbia. Outra coincidência: o coro e a coda da canção de Richie apoiam-se na alternância entre duas notas, a tônica e a supertônica – a segunda nota de uma escala diatônica – e nos acordes construídos a partir delas. Acontece que o arco musical – instrumento amplamente usado na África do Sul para acompanhar canções interpretadas por solistas ou corais – só toca duas notas, separadas por

94

uma segunda maior, que são as usadas em certos gêneros musicais tradicionais. Embora provavelmente ignorada pelo compositor, a coincidência certamente contribuiu para a enorme popularidade da canção na África do Sul, onde também se sabia que Richie era negro. Sua canção projetava o sentimento de uma comunidade negra global, incluindo africanos, caribenhos e negros norte-americanos. Frustrava-se assim a estratégia sul-africana, que, proibindo a difusão do *reggae* com textos claramente políticos, não conseguia eliminar as implicações políticas de composições como *All Night Long*. Mesmo porque, independente do sentido literal da letra, qualquer canção do mesmo tipo, ou alusiva à música do Caribe, seria interpretada como referência à revolta, às aspirações e ao desalento de negros oprimidos. Hamm conclui:

a recepção individual de uma canção pode resultar numa percepção totalmente diversa da presumivelmente pretendida pelo compositor; o ouvinte pode atribuir à composição um sentido inteiramente diferente da evidência de seu texto e estilo musical, alterando, assim, o impacto da música difundida pela mídia a serviço do "poder"[2].

O caráter político dessa conclusão sugere a forma, às vezes imprevista, como a música, manipulada pelos detentores do poder, incluindo grupos colonizadores ou neocolonizadores, pode ser apropriada pelos oprimidos e utilizada para seus próprios fins.

Se a recepção criativa consegue transformar o texto musical em meio de expressão de uma cultura e de suas aspirações políticas, o mesmo sucede com a criação musical. No Brasil, a canção popular dos anos de 1920 até a bossa nova vincula-se claramente ao contexto histórico, cultural e político. Em *Violão Azul*, Santuza Cambraia Naves aponta nas letras de certas canções – especialmente nas de Noel Rosa – novas dramatizações do urbano, da experiência do dia-a-dia, bem como a linguagem dessublimada e a sensibilidade boêmia que a autora considera características da poesia modernista[3].

2. Hamm, *op. cit*, p. 37.
3. Santuza Cambraia Naves, *O Violão Azul. Modernismo e Música Popular*, Rio de Janeiro, Editora Fundação Getúlio Vargas, 1998, especialmen-

Outro exemplo brasileiro especialmente convidativo para a análise cultural são as chamadas "canções de protesto" de Chico Buarque de Holanda. Entre elas, destaco *Malandro*, que introduz *Ópera do Malandro*, comédia musical resultante da transcriação das peças *The Beggar's Opera* (*Ópera do Mendigo*) de John Gay e *Threepenny Opera* (*Ópera dos Três Vinténs*) de Bertolt Brecht. Trata-se de outro exemplo de recepção criativa de obras estrangeiras, postas a serviço da cultura nacional. A melodia de *Malandro*, tomada de empréstimo à *Morität*, composta por Kurt Weill para a *Ópera dos Três Vinténs*, é transcriada por Chico em ritmo de samba. Elaborada em versos heptassilábicos, próprios do cancioneiro e da quadrinha popular, a letra introduz o tema da onipresença da exploração no cenário nacional e internacional. Ao fazê-lo, transforma uma personagem originária da peça inglesa em figura eminentemente brasileira, aproveitando a releitura para explorar um dado valioso para a interpretação de nossa cultura: a ambivalência da noção de "malandro". O rótulo não se aplica a um tipo único de indivíduo – há malandros e malandros –, podendo referir-se a grupos ética e socialmente antagônicos, no cenário nacional e no internacional: de um lado, os responsáveis pela corrupção social, de outro, suas vítimas. Na canção de Chico, o processo de exploração, face equívoca da "malandragem", percorre toda a cadeia socioeconômico-produtiva. A letra menciona primeiro o malandro caloteiro, pobre demais para pagar a cachaça que alivia as tensões provocadas pelo cotidiano. Sucessivamente, fala do produtor da bebida, do usineiro, dos pequenos intermediários – o botequineiro, o distribuidor –, chegando aos exportadores e eventuais importadores estrangeiros que, do hemisfério norte, controlam o mercado internacional, barrando a entrada do produto brasileiro. É o que relatam as primeiras quadras de *Malandro*, no "Prólogo" do primeiro ato:

---

te pp. 207-208. A respeito da ligação entre a música do Modernismo e as outras artes no Brasil, ver também José Américo de Miranda Barros, *Relações Intersemióticas na Literatura Brasileira a partir de 1922*, tese de doutoramento, inédita, Faculdade de Letras da Universidade Federal de Minas Gerais, 1993.

O malandro/Na dureza
Senta à mesa/Do café
Bebe um gole/De cachaça
Acha graça/E dá no pé

O garçom/No prejuízo
Sem sorriso/Sem freguês
De passagem/Pela caixa
Dá uma baixa/No português

O galego/Acha estranho
Que o seu ganho/Tá um horror
Pega o lápis/Soma os canos
Passa os danos/Pro distribuidor

Mas o frete/Vê que ao todo
Há um engodo/Nos papéis
E pra cima/Do alambique
Dá um trambique/De cem mil réis

O usineiro/Nessa luta
Grita puta/Que o pariu
Não é idiota/Tranca a nota
Lesa o Banco/Do Brasil.

Nosso banco/Tá cotado
No mercado/Exterior
Então taxa/A cachaça
A um preço/Assustador

Mas os ianques/Com seus tanques
Têm bem mais/O que fazer
E proíbem/Os soldados
Aliados/De beber.

A partir desse ponto, reverte-se a série de golpes que compõe a cadeia da exploração. Refazendo, em sentido inverso, o caminho percorrido, a letra repassa os elos anteriores: banqueiros, exportadores, usineiros, portuários, botequineiro – até o malandro caloteiro, parte inicial, e a mais fraca, da corrente. Com o garçom, modesto assalariado, ele é o único penalizado. Para os exploradores, reina a impunidade. A contagem regressiva da exploração aparece nas quadras finais, sugerindo um infindável processo cíclico:

A cachaça/Tá parada
Rejeitada/No barril
O alambique/Tem chilique
Contra o Banco/Do Brasil.

O usineiro/Faz barulho
Com o orgulho/De produtor
Mas a sua/Raiva cega
Descarrega/No carregador.

Este chega/Pro galego
Nega arreglo/Cobra mais
A cachaça/Tá de graça
Mas o frete/Como é que faz?

O galego/Tá apertado
Pro seu lado/Não tá bom
Então deixa/Congelada
A mesada/Do garçom.

O garçom vê/Um malandro
Sai gritando/Pega ladrão
E o malandro/Autuado
É julgado e condenado culpado
Pela situação.

A crítica cultural e política incrustada na letra articula-se com os elementos musicais: ritmo, desenho melódico, número e volume de vozes, estilo interpretativo, bem como a utilização do breque – melodia sincopada integrante do samba, com interrupções bruscas, destinadas à fala ou improvisação do cantor, sem acompanhamento musical[4]. Na gravação de *Ópera do Malandro* o cantor é o próprio Chico, acompanhado de violão e pequeno conjunto, em andamento moderado, no estilo do "canto-falado" ou "cantar baixinho", reminiscente da bossa nova e adequado à pequena voz do intérprete[5]. A melodia simula a entoação da conversação, compatível com o caráter coloquial da letra. Acompanhamento e canto valorizam-se mutuamente, com breves pausas expressivas. Cada conjunto melódico, correspondente a uma quadra da letra, apresenta um final suspensivo, indicando uma seqüência inacabada, e não o previsível movimento descendente, que sugeriria a conclusão. Confirma-se, assim, a continuidade do pro-

4. Cf. Mário Andrade, *Dicionário Musical Brasileiro*, Belo Horizonte, Editora Itatiaia Limitada, 1989, p. 71.
5. Essas observações referem-se à gravação de *Malandro* do disco *Ópera do Malandro*, da PolyGram. Edição remasterizada de 1986, 829 609-2, 1993, CD.

cesso de exploração, sempre retomado, como se deduz da letra. Tendo partido da esfera individual – o pobre malandro incapaz de pagar a própria cachaça –, a extorsão faz uma pausa apenas quando atinge o extremo da escala. Até esse clímax – quando a letra registra a chegada da cachaça ao mercado internacional – crescem em cada quadra o volume e o número das vozes que compõem o fundo musical, assinalando a progressiva intensificação do processo. O movimento inverso, partindo da referência ao mercado internacional e repassando todos os elos da inexorável cadeia, é assinalado pelo andamento desacerelante e pela menor intensidade da música. Só então surge o movimento descendente, indicando o fim da canção. Aumenta outra vez o número de vozes, sublinhando a condenação geral do malandro[6]. As palavras não são mais cantadas, mas faladas, lembrando o samba de breque[7].

Do ponto de vista da análise cultural, a canção *All Night Long* ilustra a relação entre a música e a opressão racial, enquanto *Malandro* faz o mesmo considerando os grandes grupos sociais explorados economicamente. A análise do libreto do oratório de Haydn, *A Criação*, efetuada por Lawrence Kramer, contempla a perspectiva da mulher, o uso do gênero como pretexto para a exclusão[8]. Desse ponto de vista, Kramer salienta a função ideológica da obra: celebrar a rígida hierarquia social vigente que, na época da composição do oratório, só permitia o sucesso do músico ao preço de completa submissão aos aristocráticos patrocinadores. Nesse mundo essen-

---

6. Para uma análise cultural dessa e de outras canções de *Ópera do Malandro* – incluindo as voltadas para a situação da mulher e da personagem *gay* –, ver Solange Ribeiro de Oliveira, *De Mendigos e Malandros: Chico Buarque, Bertolt Brecht, John Gay. Uma Leitura Transcultural*, Editora da Universidade Federal de Ouro Preto, 1999.

7. Segundo Maria Angela Borges Salvadori, o breque, popularizado como lugar da improvisação por Moreira da Silva em 1936, sugere liberdade, em oposição à marcha, associada à disciplina do trabalho – observação que cai como uma luva para a figura do malandro. Maria Angela Borges Salvadori, *Capoeiras e Malandros. Pedaços de uma Sonora Tradição Popular*, dissertação de mestrado, inédita, Universidade Estadual de Campinas, 1992, pp. 163, 176 e 203.

8. Lawrence Kramer, "Music and Representation", *Music and Text: Critical Inquiries, op. cit.*, pp. 139-162, especialmente pp. 159-160.

99

cialmente patriarcal, a opressão pelo grupo dominante incluía a completa sujeição da mulher. Previsivelmente, o libreto de *A Criação* endossa a submissão de Eva a Adão, especialmente na ária de Uriel, *Mit Würd und Hoheit angetan* e no recitativo *Nun ist die erste Pflicht erfüllt*. Adão repete: *"folge mir"* ("obedece-me", "segue-me") e Eva responde *"dir gehorchen"* (eu te obedeço), acrescentando *"Und dir gehorchen bringt/Mir Freude, Glück und Ruhm"* ("e obedecer-te me traz/Alegria, felicidade e glória"). A técnica musical reforça o sentido da letra: Eva gorjeia a palavra "Freude" com um sofisticado melisma, vocalização ornamental que, no caso, sublinha a alegria, suposta recompensa concedida à submissão feminina.

A musicóloga e crítica feminista Ruth A. Solie denuncia o conluio entre linguagem verbal e retórica musical, integrante da estratégia de opressão por meio do gênero – que, como a raça e a classe social, é socialmente manipulado. A análise concentra-se no ciclo de canções intitulado *Frauenliebe und leben*, com versos de Adelbert von Chamisso e música de Robert Schumann. Solie sublinha o papel doutrinador das canções, cuja letra e melodia, compostas por homens, narram a história de uma mulher, da juventude à velhice: travestida em canto feminino, a *persona* lírica narradora torna-se porta-voz da cultura masculina, resultando em "um ato autobiográfico espúrio"[9]. Por muito que se relativize a mensagem remetendo-a ao contexto da mulher do século XIX, as canções encontrariam hoje leitoras recalcitrantes, afirma Solie. A narrativa encarna uma visão idealizada das reações que o *paterfamilias* da época contaria despertar na companheira: o incondicional amor à primeira vista; a admiração extática; a surpresa incrédula da jovem que se julga inferior ao amado, ao se descobrir escolhida; os votos de fidelidade ao noivo; a preparação para o casamento; as lágrimas enternecidas que acompanham a pudica e desinformada verificação da primeira gravidez; o nascimento do filho, a dedicação da mãe, e assim por diante, até a viuvez inconsolável, a que a mulher não deseja sobreviver – produtos muito mais da ideologia e da fan-

---

9. Ruth A. Solie, "The Gendered Self in Schumman's Frauenliebe Songs", *Music and Text: Critical Inquiries, op. cit.*, pp. 219-240.

100

tasia masculinas do que da aquiescência feminina, como declara Carl Degler, citado por Solie: "a chamada concepção vitoriana da sexualidade feminina encarnava mais a tentativa de afirmação de uma ideologia do que o ponto de vista feminino ou a prática dominante mesmo entre as mulheres de classe média"[10]. Na letra da canção há um "ele" atrás do "ela" aparente. O objetivo do ciclo é hortativo: convencer a mulher a se deixar moldar pelos padrões propostos e idealizados nas canções. Tal é a ouvinte/leitora ideal pressuposta pela seqüência musical, que confirma as representações falocêntricas de outras imagens de auto-imolação feminina, como *The Angel in the House*, de Coventry Patmore. Com uma importante diferença: por força da sedução musical, a canção teria um poder persuasivo muito superior ao do poema inglês.

Essa leitura refere-se à letra das canções. A análise técnica da estrutura musical, exaustivamente empreendida por Solie, confirma a interpretação. Entre os muitos exemplos ilustrativos, a autora destaca o poslúdio, que não constitui um simples epílogo do ciclo, pois também recapitula a melodia da primeira canção. Paira no ar a sugestão de um ciclo eterno, miticamente associado à feminilidade pela ideologia patriarcal. A figura musical da primeira canção já se revela cíclica: o fim incorpora-se ao princípio, tanto do ponto de vista rítmico quanto do harmônico. A composição cíclica inicia e encerra, emoldurando a melodia da primeira canção, e esta por sua vez emoldura todo o ciclo. O trabalho do poeta, como o do compositor, enfatiza a infinita repetitividade, o tempo "abrangente e infinito", que Julia Kristeva associa com a representação da mulher em muitas culturas, na história. A experiência da protagonista de Schumann, conforme narram os textos cantados, é repetida por sua filha e por sua neta. Privada da especificidade de sua vivência, e da participação, como agente ativa, no processo histórico, a "heroína" parece fazer jus apenas a uma existência mítica e ritualística, fadada à repetição. Da mesma forma, as estrofes do poema de Chamisso

---

10. Carl Degler, "What Ought to Be and What Was: Women's Sexuality in the Nineteenth Century", *American Historical Review* 79, 1974, 1471, citado por Solie, *op. cit.*, p. 225.

parecem inconclusas, cada uma sendo subvertida por uma cadência enganadora. Quando se aproxima o final, é novamente absorvida pelo fim/princípio do motivo cíclico. Mesmo aí não existe um fecho decisivo: o caráter de inconclusão é, *a fortiori*, duplicado ao "fim" do ciclo. O exemplo basta para demonstrar a coerência, a indissolubilidade, a compatibilidade ideológica, entre letra e composição musical. Em contrapartida, o riquíssimo texto de Solie ilustra a compatibilidade entre a análise musicológica e as abordagens inicialmente voltadas para a obra literária: a estética da recepção, a análise cultural e a crítica feminista. Constituem alternativas enriquecedoras para o formalismo radical de certas análises musicais – formalismo redutor que, desvinculando o discurso crítico do contexto cultural, pode atuar perversamente, contribuindo para sufocar a voz do Outro.

Parte III: A CONTRIBUIÇÃO DA MUSICOLOGIA
PARA A ANÁLISE DA OBRA LITERÁRIA

De la musique avant toute chose.

PAUL VALÉRY

1. LITERATURA E MÚSICA: REVERBERAÇÕES SIMBOLISTAS & MAIS

[...] vagas músicas sem som
mortas baladas de enterrado amor [...]

Abgar Renault, *Windermere, Ambleside,*
Grasmere

Em tempos relativamente recentes, o florescimento do romantismo e do simbolismo marca momentos cruciais para o entrelaçamento de literatura e música. A data aproximada de 1800 assinala o auge do interesse dos românticos pelas relações entre as artes em geral, enquanto críticos e artistas afirmam, simultaneamente, a supremacia da criação estética na hierarquia das realizações humanas. "Sinestesia" é a palavra de ordem de muitos românticos, partindo do famoso conceito de arquitetura como "música congelada", citado por Schelling em suas conferências de Jena-Würsburg sobre a filosofia da arte, difundidas na Europa por Mme de Stäel e

Byron[1]. Críticos e artistas utilizam noções metafóricas como "música verbal", "pintura tonal", "orquestração de cores" e "planos sonoros", visando à anulação das fronteiras entre a pintura, a poesia e a música. Explica-se, assim, a conhecida literarização da pintura e da música durante todo o século XIX, bem como o destaque concedido às artes visuais pelas obras de Tieck, E. T. A. Hoffmann e dos poetas pré-rafaelitas. Não se restringindo a motivos e temas, o impacto da música sobre a literatura é mais profundo e abrangente que o das artes plásticas. As qualidades acústicas de sílabas, palavras e frases, as propriedades sonoras de locuções verbais passam a ser cada vez mais apreciadas como fenômenos essencialmente musicais.

"O que os românticos iniciaram os simbolistas terminaram", comenta Edmund Wilson[2]. Emular o caráter indefinido da música tornou-se um dos principais objetivos do novo movimento. Wilson menciona o formidável impacto da teoria e da música de Wagner sobre os simbolistas bem como o pronunciamento de Poe, seu antepassado espiritual, sobre o caráter vago da verdadeira música da poesia. A obsessão dos impressionistas europeus pela instrumentalização sonora faz-se presente em Verlaine e René Ghil, a partitura musical e espacializada comparece no texto analógico de Mallarmé, sem esquecer o que o crítico brasileiro Antonio Manoel denomina a "vidência órfica" de Rimbaud. Na Alemanha, a tripla constelação constituída por Schopenhauer, Wagner e Nietzsche introduz a preocupação com a música na formulação de sua teoria crítica e metafísica. Wagner pode ter fracassado na tentativa de criar a *Gesamtkunstwerk*, a obra de arte total, mas conseguiu tornar mais aceitável a tese de Schopenhauer, para quem a música constitui a expressão imediata da Vontade. Friedrich Schiller também se interessou pelo caráter musical da poesia. Suas considerações envolvem três questões: o aspecto meramente sonoro do texto, a questão da música na

---

1. Difundidas na Europa por Mme de Stäel e Byron, as conferências só foram publicadas pela *Germanic Review* 19, 1944, pp. 284-308.

2. Edmund Wilson, *Axel's Castle*, Nova York, Charles Scribner's Sons, 1943, p. 13.

qualidade de expressão direta, imediata e exclusiva da emoção, e a ordenação artística da sucessão temporal na criação literária e musical[3].

De um modo geral, as associações invocadas pelos poetas simbolistas dizem respeito à forma como a música, em sua precisão formal, afeta o ouvinte: como experiência imanente, transfiguradora, recepção sensória difícil de identificar com uma idéia ou emoção precisa. Em termos técnicos, a postura resumida na frase de Verlaine, "de la musique avant toute chose", traduz-se principalmente na exploração de estruturas fonêmicas e tonais. Sua *Chanson Grise* inspirou um vasto número de poemas visando a efeitos de instrumentos musicais, da flauta de Mallarmé em *L'aprés-midi d'un faune* a harpas, clarins, sinos e guitarras, cada um com seu timbre particular. Por volta de 1895, já se estabelecera uma convenção de símbolos e poesia lírica simulando efeitos musicais. René Ghil, freqüentador do círculo de Mallarmé, escreveu um ensaio teórico, *Le traité du verbe*, buscando uma base científica para a correlação entre som instrumental e combinações sonoras na poesia. Outros, como Gustavo Kahn, concentraram-se na versificação, buscando liberar a prosódia francesa da tirania secular do alexandrino[4]. De certa forma, a proposta simbolista enfatizava aquilo que, em maior ou menor grau, sempre se encontrara na poesia: a exploração de recursos fônicos próprios da linguagem verbal, base da eufonia e da ligação entre poesia e música. Participam da mesma natureza as imagens acústicas como assonância, consonância, aliteração, onomatopéia, variações tímbricas, distribuição fonemática, além de elementos relacionais, de essência do ritmo e da métrica, tais como acentuação tônica, rima, *enjambment*, pausas expressivas etc.[5]. No

---

3. Cf. H. A. Thomas Basilius, "Mann's Use of Musical Structure and Techniques in *Tonio Kröger*", *Literature and Music. Essays on Form, op. cit.*, pp. 153-174.

4. Ver, a respeito, *The New Princenton Encyclopedia of Poetry and Poetics*, Alex Preminger, T. V. F. Brogan, Frank J. Warnke, O. B. Hardison Jr. e Earl Miner (eds.), Princeton University Press, 1993, pp. 1256-1257.

5. Ver Maria Luiza Ramos, "O Estrato Fônico", *Fenomenologia da Obra Literária*, Rio de Janeiro/São Paulo, Forense, 1969.

Brasil, como exemplo da poética simbolista, os sonetos de Camilo Pessanha foram analisados por Carmen Lúcia Zambon Firmino, que associa os elementos rítmicos e métricos dos poemas à cosmovisão do poeta[6].

O minucioso estudo de Ana Maria Gottardi Leal, "O Ritmo Fônico nos Sonetos de Jorge de Sena", constitui outro exemplo de análise dos aspectos métricos, rítmicos e fônicos da linguagem poética. A autora define o plano fônico na poesia como "o feixe plurilinear, composto de intensidade, melodia e timbre". Conclui que, do ponto de vista da utilização do ritmo fônico, os sonetos de Jorge de Sena simultaneamente respeitam e transgridem a tradição. O choque entre o código tradicional e a postura inovadora é homólogo às linhas temáticas do texto, refletindo a tensão entre a consciência das limitações humanas e o desejo de plenitude[7].

A musicalidade encontrada na linguagem poética não se restringe, evidentemente, a essa vaga musicalidade. Faz pensar também no que W. K. Winsatt chama de orquestração verbal ou relação homofônica[8], mais audível, imediata e nítida que a musicalidade dos simbolistas, e, no Brasil, exemplarmente ilustrada pela poesia de Manuel Bandeira. Basta ouvir o jogo de assonâncias, consonâncias e aliterações de "Berimbau", em *Ritmo Dissoluto:*

> Os aguapés dos aguaçais
> Nos iguapós dos Japurás
> Bolem, bolem, bolem.
> Chama o saci: – si si si si!
> – Ui ui ui ui ui! uiva a ira
> Nos aguaçais dos igapós
> Dos Japurás e dos Purus.
>
> A mameluca é uma maluca.
> Saiu sozinha da maloca –

6. Carmen Lúcia Zambon Firmino, "A Organização do Ritmo nos Sonetos de Camilo Pessanha", *Poesia e Música*, Carlos Daghlian (org.), São Paulo, Perspectiva, 1985, pp. 99-120.

7. Ana Maria Gottardi Leal, *Poesia e Música, op. cit.*, pp. 123-162.

8. Citação de Franklin Oliveira, "Nota Preliminar" a Manuel Bandeira, *Poesia Completa e Prosa*, organizada pelo autor, Rio de Janeiro, Editora Nova Aguilar S.A., 1986, p. 30.

O boto bate – bite bite.
Quem ofendeu a mameluca?
– Foi o boto!
O Cussaruim bota quebrantos.
Nos aguaçais dos aguapés
– Cruz, canhoto!
Bolem. Peraus dos Japurás
De assombramentos e de espantos!

"Os Sapos" de *Carnaval*, sátira ao pós-parnasianismo que, segundo Sérgio Buarque de Holanda, veio a ser "uma espécie de hino nacional dos modernistas"[9], também exemplifica essa musicalidade poética evidente desde a primeira leitura de Bandeira[10].

De outro tipo, menos perceptível, é a "musicalidade recôndita" que Franklin de Oliveira ouve em "Debussy", também de *Carnaval* (p. 31). Diz Bandeira que escrevera o poema "na doce ilusão de estar transpondo para a poesia a maneira do autor de *La fille aux cheveux de lin*", acrescentando: "cito esta peça muito de caso pensado, pois no meu verso repetido 'para cá, para lá' havia a intenção de reproduzir-lhe a linha melódica inicial". Bandeira relata sua decepção ao verificar que Mário de Andrade encontrou no poema, não reminiscências da música de Debussy, mas de peças de Erik Satie, como *Menuet*, *Aubade*, e *Morceau en forme de poire*. Já Villa-Lobos, ao musicar os mesmos versos, intitulou sua canção *O Novelozinho de Linha*, descartando, assim, o nome de Debussy, que constituíra o título do poema. As diferentes versões musi-

---

9. Sérgio Buarque de Holanda, *Trajetória de uma Poesia*. Manuel Bandeira, *Poesia Completa e Prosa*, organizada pelo autor, p. 13.
10. Outro exemplo é *Os Sinos* que, pela temática e por jogos sonoros equivalentes, lembra *The Bells* de Poe. Entre muitos outros efeitos musicais, o texto explora o contraste entre um ditongo e duas vogais anasaladas representados graficamente por *ão*, *ém* e *im*. O gradativo fechamento das vogais nasais articula-se com o sentido, evocando o fluxo da vida humana, do nascimento à morte:
"Sino de Belém, pelos que inda vêm!
[...]
Sino da Paixão, pelos que lá vão!
[...]
Sino do Bonfim, por quem chora assim?"

cais do mesmo poemeto bastam para ilustrar a possibilidade de múltiplas interpretações, não apenas do texto literário, mas também de seus aspectos musicais. Volta-se à velha questão do sentido da música, que não existe intrinsecamente, e só se manifesta em função de mil associações estabelecidas convencionalmente.

Há outras razões para se destacar a obra de Manuel Bandeira, talvez o mais musical dos poetas brasileiros do século XX. Em "Itinerário de Pasargada", Bandeira assinala a presença do modelo simbolista de *Cinza das Horas*, "mas de um simbolismo não muito afastado do velho lirismo português"[11]. Além da musicalidade peculiar de seus versos, o poeta demonstrava amar e estudar a música, tendo contribuído com resenhas críticas de concertos para a revista *Idéia Ilustrada*, editada por Luis Aníbal Falcão. Bandeira deixou também reflexões muito interessantes sobre a relação da literatura com a música. Volta repetidas vezes ao tema da ligação básica entre a linguagem poética e a musicalidade. Falando da influência da música sobre sua arte, discute o efeito encantatório e a atração exercida por certas palavras, cuja função no texto é às vezes puramente musical. Menciona os valores plásticos e musicais dos fonemas, creditando a efeitos musicais a peculiar sensação de surpresa criada pela boa rima. Pensando, certamente, no uso musical de tema e variação, o poeta atribui à música, e não à imitação de qualquer modelo literário, a repetição de um ou dois versos, às vezes de uma estrofe inteira, em muitos poemas de *A Cinza das Horas* e de *Carnaval*. Informa que, na época da publicação do primeiro livro, estava tão impregnado das *canções* de Schubert que quase usou como epígrafe a frase inicial do *lied* "Der Leiermann". Sobre *Carnaval*, Bandeira acrescenta que, lembrando o famoso *Opus 9* de Schumann, imaginou fazer algo do mesmo gênero em poesia, ou seja, combinar ritmos diferentes. No poema "Evocação de Recife", destaca a intenção musical no uso das duas formas "Capiberibe – Capibaribe": "a primeira vez com *e*, e a

---

11. Manuel Bandeira, "Itinerário de Pasargada", *Poesia Completa e Prosa*, organizada pelo autor, pp. 33-111, especialmente pp. 34, 41, 42, 45, 50-53, 56-57, 68-74 e 85.

segunda com *a*, me dava a impressão de um acidente, como se a palavra fosse uma frase melódica dita na segunda vez com bemol na terceira nota. De igual forma, em 'Neologismo' o verso 'Teadoro, Teodora' leva a mesma intenção, mais do que de jogo verbal". Bandeira vivenciou diferentes tipos de colaboração com a música. Muitos de seus poemas foram escolhidos livremente para serem musicados, alguns, como "Trem de Ferro", "Berimbau", "Azulão" e "Dentro da Noite", várias vezes, por diferentes compositores. Jaime Ovalle e Villa-Lobos também ofereceram melodias para que Bandeira compusesse o texto. Radamés Gnatalli, Mignone e Villa-Lobos pediram texto especial para a música que desejavam compor. Citando as considerações de críticos musicais sobre a marcada preferência de compositores por seus poemas como letras para canções, Bandeira discute a relação entre a musicalidade possível na poesia e a música propriamente dita, cuja qualidade acústica específica não pode ser reproduzida pela linguagem verbal. O poeta parte de um comentário de Andrade Muricy a respeito da "musicalidade subentendida, às vezes inexpressa ou simplesmente indicada", em sua obra.

Bandeira observa que, no texto literário, há um infinito número de melodias implícitas que podem ser musicadas de forma diversa por diferentes compositores. Acaba concordando com Mário de Andrade – e com tantos estudiosos da melopoética – sobre o fosso intransponível que, paradoxalmente, convive com as afinidades entre literatura e música:

estudando a música a que meus versos serviram de textos [...] vendo a "musicalidade subentendida" dos meus poemas desentranhada em "música propriamente dita" [...] compreendi não haver verdadeiramente música num poema, e que dizer que um verso canta é falar por imagem. Nos versos a que mais completamente parece aderir a frase musical como em *Du bist dei Ruh*, de Schubert, ou em *Ich liebe dich, sowie, du mich*, do *lied* de Beethoven, não se pode dizer que necessariamente preexistisse a melodia tal qual a escreveu o compositor. A "musicalidade subentendida" poderia ser definida por outro compositor noutra linha melódica. O texto será um como que baixo-numerado contendo em potência numerosas melodias. Assim explico que eu sinta a mesma adequação da música às palavras em duas ou três realizações de um só texto, como é o caso de "Azulão", texto que escrevi para uma melodia de Jaime Ovalle, musicado depois por Camargo Guarnieri, e depois ainda por Radamés Gnattali; como é o caso de "Cantiga", musicado primei-

113

ro por Guarnieri e depois por Lorenzo Fernandez. A verdade é que, como disse Mário de Andrade em sua *Pequena História da Música*, a música, embora afirmem todos que ela é escrava da palavra, se tornou uma escrava despótica. "Não deixa mais a palavra falar por si. Quer sublinhar o sentido dela por meio dos intervalos melódicos, dos ritmos, harmonias e timbres." Não creio, porém, que jamais a música tenha deixado a palavra "falar por si", mesmo no tempo do cantochão. É que por maiores que sejam as afinidades entre duas artes, sempre as separa uma espécie de abismo. Nunca a palavra cantou por si, e só com a música pode ela cantar verdadeiramente. Foi, pois, descabida presunção de poeta a de Mallarmé, respondendo a Debussy, quando este lhe comunicou ter escrito música para *L'après-midi d'un faune*:

"Je croyais y en avoir mis déjà assez."

Tinha posto muita, com efeito, mas só e a bastante que um poeta pode pôr nos seus poemas: ritmo, literalmente, e figuradamente aqueles efeitos que correspondem de certo modo à orquestração na música – os timbres, por exemplo, e outros expedientes que o próprio Mallarmé definiu na prosa de *Divagations*:

"As palavras iluminam-se de reflexos recíprocos como um virtual rastilho de luzes sobre pedrarias. Esse caráter aproxima-se da espontaneidade da orquestra: buscar diante de uma ruptura dos grandes ritmos literários e sua dispersão em frêmitos articulados, próximos da instrumentação, uma arte de rematar a transposição para o livro da sinfonia."

Sim, mas a autêntica melodia estará sempre ausente [pp. 69-71].

O testemunho de Bandeira é importante, vindo de alguém cujo domínio da musicalidade literária dificilmente terá sido superado no século XX. No Brasil, é indispensável lembrar também o estudo das relações entre poesia e música por Mário de Andrade, cuja grandeza como escritor rivaliza com uma extensa e profunda competência musical. Pianista, musicólogo, professor e historiador da música, Mário alcança, nesse terreno, uma profundidade a que Bandeira não demonstra aspirar. A primeira poética explícita contida em *Mestres do Passado*, *Prefácio Interessantíssimo*, *A Escrava que não é Isaura* e em algumas cartas e artigos, é analisada em importante ensaio de Antonio Manoel[12]. O crítico vê naqueles textos um modelo andradino para a caracterização dos textos literários – modelo radicado numa teoria de correspondências interartísticas,

---

12. Antonio A. Manoel, "Música na Primeira Poética de Mário de Andrade", *Poesia e Música*, Carlos Daghlian (org.), São Paulo, Perspectiva, 1989, pp. 15-47.

especialmente entre a música e literatura. Manoel aponta, na obra crítica de Mário, a transposição – nem sempre totalmente coerente – de vários conceitos musicais. Mário acredita que há melodia em verso constituído "de palavras com a maior conjunção semântica possível, expressas com as necessárias realizações dos constituintes morfossintáticos". Polifônico será o verso "constituído de frases de natureza nominal, semanticamente disjuntivas e sucessivamente apostas sem formas nexivas". Em *Mestres do Passado*, segundo Manoel, o autor de *Macunaíma* apropria-se às vezes de termos técnicos musicais metaforizados: encontra "sonoridades de noturno, quase canção de berço" na poesia de Raimundo Correia, e chega a chamar três poemas de Alberto de Oliveira de "três formidáveis sinfonias".

Em outros casos, Mário trata as correspondências interartísticas de modo menos impressionista. Sugere a inclusão da música entre as artes de primeiro grau, em oposição à literatura, arte de segundo grau. Antonio Manoel encontra nessa classificação uma antecipação da proposta de Etienne Souriau na obra seminal *La Correspondance des Arts*. Em *A Escrava que não é Isaura* o sistema proposto por Mário para a análise literária centra-se na oposição entre melodia, constituída pela concatenação de idéias nos versos, e polifonia, caracterizada pela superposição de sentidos, típica do estilo moderno, e encontrada no trocadilho. Posso acrescentar que, nesse ponto, Mário antecipa a analogia entre trocadilho e harmonia musical estabelecida por Jean-Louis Cupers, para quem a superposição de sentidos, na literatura, seria equivalente à conjugação de sons, timbres e vozes, na harmonia musical[13].

Ao analisar o sistema andradino, Antonio Manoel pratica ele próprio a análise musico-literária, pois aponta equiva-

---

13. Cf. Jean-Louis Cupers, *Euterpe et Harpocrate ou Le Défi Littéraire de la Musique. Aspects méthodologiques de l'approche musico-littéraire*, *op. cit.*, pp. 47, 48 e 50. Cupers desenvolve um pouco mais a analogia, lembrando que o halo de associações à volta de uma frase literária ou de um trocadilho só é perceptível ao leitor que tenha as informações necessárias à sua compreensão. Na música, pelo contrário, os conjuntos harmônicos podem ser captados por todos.

lências entre os sete ensaios de *Mestres do Passado* e partes da missa de réquiem cantada. O próprio texto de Mário é polifônico, acrescenta Manoel: ressoam nele as vozes do Mário teórico, do analista do estilo, do crítico impressionista, do espírito vestido de parnasianismo. Nesse ponto, o crítico equipara a estruturação do texto literário ao esquema organizacional da composição musical. Em outras palavras, aproxima-se da melopoética estrutural.

2. A MELOPOÉTICA ESTRUTURAL: TEMA E VARIAÇÃO NO TEXTO LITERÁRIO

A exploração sistemática da musicalidade intrínseca à linguagem verbal, especialmente da poesia, pode certamente contribuir para a unidade de um texto literário, ou de todo um conjunto de textos, como é o caso da produção poética de Manuel Bandeira. Esse tipo de exploração consciente e articulada das propriedades sonoras e rítmicas de palavras e locuções busca expressar a qualidade emocional de uma experiência que já tenha sido indicada conceptualmente pela linguagem verbal, visando a um efeito conativo-afetivo semelhante ao da própria obra musical[1]. Entretanto, o texto literário também toma de empréstimo recursos técnicos estruturais próprios da composição musical. É o que demonstram os incontáveis estudos sobre o uso do *leitmotiv* na literatura e pesquisas como as de Calvin S. Brown e outros precursores

1. Ver, a propósito, H. A. Basilius, "Thomas Mann's Use of Musical Structure and Techniques", *op. cit.*, pp. 152-174.

da melopoética estrutural. Analisando *Dream Fugue* de De Quincey, Brown utiliza um modelo equivalente ao proposto por Lévi-Strauss para a análise de mitos em *Antropologia Estrutural*[2]. Retomando a questão, tentarei descrever várias estratégias que, originárias da composição musical, vêm sendo apontadas por críticos na estruturação da obra literária.

Começarei pelo emprego de tema e variações, presentes na maioria das formas musicais, e seus equivalentes no texto literário. A técnica, vastamente empregada na ficção, aparece às vezes explicitada no título, como em *Missa do Galo, Variações sobre o Mesmo Tema*, série de transcrições do conto de Machado de Assis por seis autores contemporâneos[3]. Na poesia os exemplos são igualmente numerosos. Não por acaso, "Tema e Variações" é precisamente o nome de um poema de Bandeira em *Opus 10*, outro título claramente indicativo de inspiração musical:

Tema e Variações

Sonhei ter sonhado
Que havia sonhado.

Em sonho lembrei-me
De um sonho passado:
O ter sonhado
Que estava sonhando.

Sonhei ter sonhado.
Ter sonhado o quê?
Que havia sonhado
Estar com você.
Estar? Ter estado,
Que é tempo passado.

Um sonho presente
Um dia sonhei.
Chorei de repente,
Pois vi, despertado,
Que tinha sonhado.

2. Cf. Claudia S. Stanger, "Literary and Musical Structuralism: An Approach to Interdisciplinary Criticism", *op. cit.*, pp. 223-227.

3. São Paulo, Summus Editorial, 1977. Reescrevem o conto Antonio Callado, Autran Dourado, Julieta de Godoy Ladeira, Lygia Fagundes Telles, Nélida Piñon e Osman Lins.

O núcleo semântico do poema – o paradoxal sentimento de simultânea perda e preservação de uma experiência passada, cuja veracidade é questionada pela *persona* lírica – é introduzido por uma espécie de mote, constituído pela linha inicial, "Sonhei ter sonhado". Esse verso, instituindo-se como um tema semelhante ao da composição musical, sofre uma série de acréscimos e reformulações, os quais constituem as variações. Elas surgem inicialmente nos doze versos que contêm uma forma cognata de *sonhei*, primeira palavra do poema. A variação consiste geralmente na mudança do tempo verbal ou da categoria gramatical dessa palavra-chave. Dos cinco versos restantes, dois ligam-se gramaticalmente aos anteriores por conter igualmente uma variação de forma verbal ("Estar com você/Estar? Ter estado"), enquanto outro verso ("Que é tempo passado") cria um trocadilho com os dois sentidos da expressão *tempo passado*: o sentido gramatical de "forma verbal pretérita" e a significação genérica de "espaço cronológico anterior ao momento atual". Remetendo também ao duplo sentido, o gramatical e o cronológico, da palavra *presente*, o verso "Um sonho presente" resume a perfeita integração do conjunto forma/conteúdo que constitui o texto. Ficam assim enfatizadas tanto a natureza evanescente da temporalidade quanto a dúvida sobre a possibilidade de recuperar, pela memória, a experiência humana, condicionada por essa temporalidade. A temática da vida como duplo questionamento da realidade – sonho dentro de outro sonho – mostra-se assim inseparável da técnica utilizada.

Ao compor o poema e atribuir-lhe título tão inequívoco, Bandeira tinha certamente em vista o sentido técnico dos termos tema e variação. Para a teoria musical, tema é a idéia musical que serve de ponto de partida para uma composição, especialmente a sonata – integrante de sinfonia, quarteto de cordas etc. –, a fuga ou ainda as chamadas formas variacionais (*variation form*), como a chacona, a *passacaglia* e o *basso ostinato*. A variação consiste na reiteração do tema, com alguma alteração[4].

---

4. A teoria musical distingue diferentes tipos de variações, tais como

Os conceitos de tema e variação, básicos para a teoria musical, têm sido amplamente utilizados também na análise literária. Calvin Brown define a variação como uma versão do tema, coerentemente reconhecível como tal[5]. Brown salienta as vantagens da utilização das noções de tema e variações para a melopoética: facilidade de definição, clareza de circunscrição e possibilidade de tratamento conciso. Informa que, na música, o princípio geral de repetição, que possibilita a existência de um tema e suas variações como forma padrão, desenvolveu-se historicamente mais ou menos na mesma época, florescendo na Espanha, na Itália e na Inglaterra. Tornou-se uma das principais formas de composição musical, sobrevivendo, de diferentes modos, até o momento atual. A variação pode ocorrer em qualquer elemento musical: na instrumentação, no contraponto, na harmonia, na linha melódica, no ritmo, no andamento, na orquestração, ou na combinação de quaisquer desses ou de outros elementos. As variações imediatamente reconhecíveis tendem a ocorrer no início, cedendo lugar, depois, a outras, sucessivamente mais elaboradas e recônditas. Cada variação aumenta a familiaridade do ouvinte com o tema, habilitando-o gradativamente a apreciar formas cada vez mais tênues e disfarçadas.

No entender de Brown, o uso de tema e sua repetição nas variações tem a mesma importância para a literatura que para a música: toda métrica depende de repetição e variação, embora, na literatura, a repetição exija mais cautela. Na métrica inglesa um longo texto em verso branco, com cinco iambos em todas as linhas, seria tão mortalmente cansativo quanto uma composição musical em tempo quaternário, com quatro semínimas em cada compasso. Brown enumera outras dificuldades inerentes ao uso de tema e variação na literatura, que

---

variações seccionais e variações contínuas. A variação pode ocorrer na harmonia, na melodia, em ambas, ou, em composições modernas, de modo inteiramente livre, podendo chegar a dificultar o reconhecimento até dos contornos estruturais do tema. Cf. Willi Apel, *The Harvard Dictionary of Music*, 1972, pp. 843 e 892.

5. Calvin Brown, "Theme and Variations as a Literary Form", *Literature and Music. Essays on Form, op. cit.*, pp. 70-82.

não pode duplicar totalmente o modelo musical. Há problemas técnicos, como a extensão do tema e das variações. Na música, o compositor usa muitas vezes o que os elisabetanos chamavam de "divisões": o compasso básico se divide em notas de durações decrescentes, como no Andante da *Quinta Sinfonia* de Beethoven. O recurso não pode ser utilizado na poesia: a velocidade das sílabas varia muito menos que a das notas musicais, e escapa inteiramente ao controle do poeta. Ademais, se as variações literárias se afastarem muito do tema não serão reconhecidas pelo leitor: é muito mais fácil lembrar um elemento musical, como a melodia, do que a letra de uma canção. O escritor enfrenta ainda outro problema: cada variação deve atingir um efeito de novidade: a redundância, prazerosa na música, dificilmente o será na literatura. Para evitá-la, os poetas recorrem a artifícios próprios, como variar a imagem usada, ou, no caso de mantê-la, sugerir uma interpretação diferente a cada vez que uma imagem reaparece.

Para Brown, algo muito próximo ao uso de variações literárias insinua-se desde as formas ancestrais da literatura inglesa, como na proliferação de sinônimos e na recorrência de diferentes metáforas para o mesmo conceito, típicos da poesia anglo-saxônica arcaica. O primeiro exemplo incontestável na literatura européia desponta, segundo Brown, na peça de Ludwig Tieck, *Die Verkehrte Welt*, de 1799. A peça tem um prelúdio e entre-atos designados por termos musicais. O último entre-ato, "Menuetto con Variazioni", consiste de um texto em prosa, com cerca de oitenta palavras, seguido por três variações bastante livres. Cada uma das seções contém dois parágrafos. O primeiro é quatro vezes mais longo que o segundo, e este sempre começa com as mesmas palavras. O emprego de tema e variações persistiu nos séculos XIX e XX, em iniciativas independentes, geralmente de poetas menores. Brown aponta possibilidades diversas exploradas na literatura (algumas raramente usadas): variação da métrica, de tom, de ponto de vista, ou na estrutura sonora global. Exemplifica o uso de variações na ficção com *Une page d'amour*, de Zola, esclarecendo que o paralelo não é exato, pois as variações não aparecem em seqüência, como no tema e nas variações musicais, mas distribuídas igualmente por todo o texto. O romance é dividido em cinco partes, todas com cinco seções. Cada parte se encerra com um capítulo de dez a doze páginas caracterizado pela descrição de uma vista de Paris. As cinco descrições funcionam como cinco variações de um mesmo tema: descrevem sempre os mesmos monumentos, mas vistos sob iluminações diferentes e em diferentes meses do ano. Os textos surgiram cerca de vinte anos antes que Monet pintasse suas *Catedrais*, série de representações da catedral de Rouen vista em circunstâncias diferentes e sob condições variáveis de luz. Zola antecipa assim, em forma literária, a prática do pintor, exemplificada também pelas diferentes versões de seus *Montes de Feno*, e de *Nenúfares*.

Como exemplo de tema e variações literárias claramente moldado no modelo musical, Calvin Brown cita um poema do austríaco Josef Weinheber, grande virtuoso e conhecedor da música. Emulando as *Variações sobre um Tema de Haydn*, de Brahms, Weinheber reproduz *in totum* uma ode de doze linhas, *An die Parzen* de Hölderlin, que se estabelece como tema, seguida de três blocos de variações, intitulados *Noturno, Scherzo* e *Rondo*. As variações aparecem em onze seções, num total de 187 linhas. Nas primeiras variações, o elemento alterado é a métrica. Muda-se, assim, não o tema, mas seu ambiente, como ocorre na música, quando varia a fórmula de compasso ou a orquestração. A ode original – o tema – é em versos alcaicos. Nas três primeiras variações, Weinheber usa uma estrofe sáfica, depois uma forma moderna, e, finalmente, uma estrofe com versos dáctilos, com oito linhas curtas, rimadas, diferentemente da forma clássica. O fraseado é pouco alterado, apenas o indispensável para se adequar à nova métrica e propiciar a rima. O leitor/ouvinte pode, assim, familiarizar-se totalmente com o tema básico, antes de chegar às variantes menos óbvias. A três seções seguintes intitulam-se *Variações de Conteúdo*, que formam um bloco paralelo às três anteriores. (Esse agrupamento de unidades para compor seções maiores ocorre também em variações musicais, como, por exemplo na *Passacaglia e Fuga em Dó Menor*, de Bach.) Nas variações de Weinheber, a *persona* lírica fala da realização artística, considerada de três pontos de vista diferentes: de um homem cuja mente deixa-se dominar por questões mundanas, de alguém que já deixou este mundo e, finalmente, do morto, reencarnado. Essas variações, que dizem respeito ao sentido, superpõem-se à mudança de métrica, que prevalece em todo o poema. Nas três seções seguintes, retomam-se frases do tema. Elas são reelaboradas, formando poemas independentes, lembrando a prática musical, quando a frase inicial torna-se o centro de uma passagem em *fugato*. (No fim do século XIX a elaboração de frases isoladas era um método comum de se criarem todos os tipos de variações livres.) O poema termina com duas variações adicionais que, como as variações ao final de peças musicais, são as mais diferenciadas do tema. Na primeira das variações finais, Weinheber usa todas as palavras do poema original, formando um poema novo, um anagrama; cria uma variação bastante livre, baseada na expectativa da volta de algumas palavras importantes. A última variação fecha o círculo, sendo, como a primeira, constituída por estrofes de quatro linhas, com métrica diferente, mas conservando ao máximo as palavras do tema, a ode de Hölderlin.

Brown conclui que as *Variações sobre um Tema de Hölderlin*, não sendo uma obra-prima, constituem um brilhante *tour de force*. Comparando o poema com *The Ring and the Book* de Robert Browning, também grande conhecedor da música, encontramos uma estrutura geral semelhante em ambos[6]. O vasto poema inglês de quase 21 mil linhas, composto em 1869, 65 anos antes do texto de Weinheber, supera em muito a mera exibição de virtuosismo técnico, constituindo uma meditação poética sobre a existência humana e a acessibilidade da verdade sobre ela. *The Ring and the Book* tem um prelúdio, com tema, variações e coda, e, no fim, uma discreta alusão ao paralelo com a composição musical. Dividido em doze livros, narra o assassinato de Pompilia, jovem casada com o velho conde Guido Franceschini de Arezzo. O conde assassina a esposa, após a fuga desta para Roma, na companhia de um jovem padre. Uma espécie de prospecto, conten-

---

6. Os dois poemas têm três segmentos, todos com três subdivisões, seguidos de uma parte final isolada que reconduz ao início.

do de trinta a cinqüenta linhas, introduz cada um dos doze livros do poema. O prospecto visa informar o leitor das interpretações divergentes para os episódios a serem narrados nos doze livros, cada um dos quais tece uma variação, apresentando os acontecimentos, personagens e seus motivos, do ponto de vista de pessoas diferentes. Os acontecimentos permanecem os mesmos, mas a história varia, conforme o intérprete. O último livro é uma coda, com variações próprias, voltando ao tema antecipado no primeiro livro. Em vista de sua extensão e sofisticação, seria difícil encontrar muitos exemplos equivalentes ao poema de Browning na literatura ocidental.

3. A MELOPOÉTICA ESTRUTURAL: CONTRAPONTO, FUGA E RAPSÓDIA NO TEXTO LITERÁRIO

A variação, entendida como uma repetição mais ou menos alterada de material já conhecido, faz-se presente em quase todos os gêneros musicais, ensejando a criação de formas como *passacaglia,* rapsódia, contraponto e fuga, que, embora diversas entre si, têm em comum o princípio da variação. Também para essas formas existem equivalentes literários. Em *Death in Venice*, novela de Thomas Mann – em cuja obra o elemento musical é tão importante que só o romance *Doktor Faustus* já inspirou mais de mil trabalhos –, Vernon Venable aponta o equivalente literário de uma *passacaglia*. Trata-se de forma barroca muito próxima da chacona, constituída por uma espécie de variação contínua, em ritmo ternário moderadamente lento: "o mesmo tema é repetido constantemente pelo baixo contínuo, com variações progressivas nos registros superiores, emergindo ocasionalmente nos agudos, resultando na enfática afirmação da unidade do material temático em ambos os registros"[1]. O baixo contínuo é identificado com o motivo da morte, enfatizado pela narrativa de Mann[2].

Outros trabalhos investigam a possibilidade de transposição literária do contraponto – no qual duas ou mais linhas melódicas soam simultaneamente – e de sua forma mais desenvolvida, a fuga. Nem todos os críticos concordam com a possibilidade de a literatura emular esse tipo de criação musical. H. A. Basilius traz à baila a objeção de Reginald Peacock: a imitação exata do contraponto é impossível na literatura, cuja linguagem, forçosamente linear, é incapaz de fazer soar ao mesmo tempo dois "pontos" contrastantes, como no contraponto musical. Basilius discorda. Alega que a expressividade musical contrapontística pode ser obtida na literatura por meio de temas contrastantes, mesmo que dispostos em forma seqüencial. Argumentando no mesmo sentido, Jean-Louis Cupers acrescenta que o contraponto literário não contempla, evidentemente, a simultaneidade sonora de várias partes, mas sim o jogo temático, acompanhando, ao mesmo tempo, a articulação sintática do texto e os jogos metafóricos que comandam sua decodificação. Afirma-se, assim, na literatura, uma estranha presença/ausência da arte irmã[3].

Outros autores acreditam na existência de formas literárias capazes de sugerir a simultaneidade musical que, literalmente, não podem reproduzir. Patricia H. Stanley cita, entre outros recursos, a rápida mudança de uma para outra imagem, princípios de subordinação e coordenação, bem como a repetição de palavras e imagens, e o uso limitado da onomatopéia[4].

---

1. Cf. "Chaconne and Passacaglia", em Willi Appel, *The Harvard Dictionary of Music*, 1972, *op. cit.*, pp. 141-142. O verbete menciona que as duas formas são quase idênticas, tendo, como único fator distintivo inegável, a presença ou ausência (na chacona) do *basso ostinato*, uma breve frase melódica repetida indefinidamente nos registros inferiores, com variações nos superiores, podendo a frase chegar a constituir uma melodia completa.

2. O trabalho de Venable é mencionado no artigo de H. A. Basilius, citado abaixo.

3. Ver, a respeito, Jean-Louis Cupers, *Euterpe e Harpocrate*, *op. cit.*, especialmente pp. 63-64.

4. Cf. Patricia Haas Stanley, "Verbal Music in Theory and Practice", em *Literature and Music. Essays on Form*, *op. cit.*, pp. 44-51.

126

Numa linha semelhante, William Freedman analisa o romance de Laurence Sterne, *Tristram Shandy*, como uma forma de contraponto literário que antecipa, em quase dois séculos, a "musicalização da ficção" espetacularmente tentada por Aldous Huxley no "romance musical" *Point Counter Point*, de 1928, e reiterada em *Themes and Variations,* de 1950[5]. Segundo Freedman, o romance de Sterne, conhecido como talentoso executante da viola de gamba, inclui incontáveis analogias intencionais com a música. Freedman concentra-se em um aspecto da "musicalidade prismática" do romance: a textura contrapontística, a qual resulta nos efeitos de simultaneidade e de intensa emoção, próprios da arte musical. Sterne simula a simultaneidade dando a impressão de fundir dois pontos de vista, o do narrador adulto e o de sua própria pessoa na qualidade de personagem da história. Mesmo contando episódios de sua infância, o narrador deixa transparecer seu modo de ser maduro em traços idiossincráticos da errática narrativa. Nesse sentido o livro aproxima-se muito da música de J. S. Bach, sempre implicitamente contrapontística, com vozes distintas em uma única linha[6]. Em outras ocasiões, como farão depois Huxley e Aiken, Sterne tenta sugerir a textura do contraponto interpondo-se na história, de modo a criar duas linhas contrastantes, mas relacionadas, de um desenvolvimento simultâneo. Algumas vezes o narrador apresenta um acontecimento novo, fingindo que ele vem ocorrendo há algum tempo. Analogamente, Tristram tem muitas histórias e muitas opiniões para narrar, mas, sob o caos aparente, notam-se duas seqüências narrativas entrecruzadas. A primeira trata da família de Walter Shandy e seu pequeno Tristram. A segunda, das aventuras de seu tio Toby e do seu cerco amoroso à viuva Wadman. Evidentemente, o narrador não pode contar as duas histórias literalmente ao mesmo tempo, mas, por um hábil jogo de prestidigitação, desfia ora uma ora outra, enquanto se deixa levar ao sabor de incontáveis digressões. Dessa forma, lembra constantemente ao leitor os acontecimentos que tempora-

---

5. Cf. William Freedman, "*Tristram Shandy*: The Art of Literary Counterpoint", em *Literature and Music. Essays on Form, op. cit.*, pp. 26-35.
6. *Idem*, p. 29.

riamente parece esquecer. Trata-se de um recurso semelhante a uma prática dominante no contraponto musical da primeira metade do século XVIII: o uso constante de uma linha melódica repetida seguidamente nos registros superiores, como base a partir da qual melodias eram inventadas ou expandidas. Construíam-se assim a *passacaglia*, a chacona, a cantata, o prelúdio coral e várias outras composições. Ao usar esses recursos, o narrador concilia o efeito de simultaneidade com a sugestão de uma atmosfera musical, a impressão de algo mais evocativo que descritivo, mais emotivo que cognitivo, mais sugestivo que analisável – em resumo, um efeito musical, conclui Freedman.

No Brasil, estudos comparáveis ao de Freedman contemplam obras construídas à semelhança de tema e variações, que podem ser associados a formas como fuga e contraponto, mas também a construções mais livres, como a rapsódia. Destaco estudos sobre o romance de Mário de Andrade, *Macunaíma*, cujo subtítulo é exatamente "uma rapsódia". Na edição crítica do texto, Telê Porto Ancona Lopez menciona brevemente sua construção musical. Recapitula também as palavras do autor, no primeiro prefácio escrito em 1926, que permaneceu inédito: "quanto ao estilo, empreguei esta fala simples tão sonorizada música por causa das repetições como é costume dos livros religiosos e dos cantos estagnados no rapsodismo popular". Ancona, em função do subtítulo, cita uma definição de rapsódia: "canto que se apóia na sonoridade e no ritmo da poesia, frisa a rima em todo o discurso do narrador e no das personagens, voltando as costas para a proibição ao eco que pesa sobre o ficcionista culto. [...] E adota a onomatopéia, cantos ou rezas populares ou do índio"[7]. Em *O Tupi e o Alaúde*, analisando o mesmo romance, Gilda de Mello e Souza demonstra minuciosamente a transposição para *Macunaíma* de duas formas básicas da música ocidental, comuns à musica erudita e à criação popular: o princípio rapsódico da suíte e o princípio da variação, este último presente, de modo muito

7. Telê Porto Ancona Lopez, *Rapsódia e Resistência*, edição crítica de *Macunaíma*, Florianópolis, Editora da UFSC, Coleção Arquivos, 1988, pp. 266-277.

peculiar, no improviso do cantador nordestino. Mello e Souza estuda longamente a utilização, por Mário de Andrade, do processo da suíte – "a técnica de construir recheando o núcleo básico com temas subsidiários, com várias peças de forma e caráter distintos". A autora lembra que o processo é utilizado com freqüência na música européia do romantismo, bem como no teatro de revista e nas danças dramáticas brasileiras, em que encontra sua expressão mais perfeita no *Bumba-meu-boi*[8]. Segundo Mello e Souza, esse processo básico da multiplicação de temas subsidiários com suas variações explica a ampliação sistemática das linhas laterais e o conseqüente obscurecimento da linha narrativa central de *Macunaíma*. O mesmo princípio geral explica o que a autora considera "o indeciso, o descaracterizado" do romance, "tanto na linha cronológica e espacial como na indeterminação das personagens e na dubiedade das ações"[9].

Silviano Santiago – que também cita o trabalho de Mello e Souza – faz uma análise semelhante de *Clarissa*, demonstrando que, como *Macunaíma*, o romance de Érico Verissimo exibe uma estrutura musical semelhante à da rapsódia, visando "combinar em harmonia elementos heteróclitos, de tal forma que exista uma composição do todo que não seja mero produto de acúmulo". Ilustra-se assim "a variedade heteróclita que é própria de todo e qualquer tecido cultural, desde que se neguem os valores de origem e a objetividade da erudição"[10].

---

8. Ver Gilda de Mello e Souza, *O Tupi e o Alaúde. Uma Interpretação de Macunaíma*, São Paulo, Duas Cidades, 1979.

9. *Idem*, p. 37.

10. Silviano Santiago, "A Estrutura Musical do Romance. O Caso Érico Verissimo", Eneida M. Souza e Júlio C. M. Pinto (orgs.), *1ª e 2ª Simpósios de Literatura Comparada. Anais*, Belo Horizonte, Curso de Pós-Graduação em Letras da UFMG, vol. 1, pp. 156-172.

4. A MELOPOÉTICA ESTRUTURAL: A FORMA SONATA E O TEXTO LITERÁRIO

O estudo da contribuição da musicologia para as análises interdisciplinares encontra adeptos ilustres no século XX. Lévi-Strauss aponta na teoria musical, ou, mais precisamente, na concepção de acordes proposta por Rameau, uma precursora da análise estrutural nas ciências humanas:

> Ao aplicar, ainda sem formulá-la, a teoria da transformação, Rameau dividiu por três ou quatro o número de acordes reconhecidos pelos músicos de seu tempo. Demonstrou que a partir do acorde do tom maior era possível engendrar todos os outros como transposições e inversões do primeiro. A análise estrutural adota o mesmo procedimento quando reduz o número de regras de casamentos ou o dos mitos: faz convergirem várias regras, ou mitos, a um mesmo tipo de troca matrimonial ou a uma única armadura mítica, diferentemente transformados[1].

1. Claude Lévi-Strauss, *Olhar, Escutar, Ler*, São Paulo, Companhia das Letras, 1993, p. 35.

A observação é valiosa para a melopoética, que utiliza equivalências estruturais entre as artes para a análise de elementos literários como enredo e seqüências temporais[2]. Nesse sentido, como modelo ou analogia para a estruturação do texto verbal, nenhuma forma musical compara-se à sonata, se considerarmos o número e o alcance dos trabalhos que tem inspirado. Justifica-se assim a inclusão de um capítulo totalmente dedicado a essa forma de composição e sua apropriação pelo texto literário. Constituindo talvez a mais importante das configurações musicais eruditas, vem sendo usada continuamente desde Haydn e Mozart, embora, a partir de 1900, venha recebendo um tratamento cada vez mais livre.

Antes de abordar sua relação com a obra literária, é preciso esclarecer que o termo sonata tem um duplo sentido, prestando-se, por isso, a certos mal-entendidos. A palavra pode referir-se a composições complexas para um único instrumento – como uma sonata para piano, geralmente com três movimentos – mas também a uma forma de construção presente, por exemplo, no primeiro movimento de uma sinfonia. Nesse último sentido, que é o que aqui interessa, a sonata é também chamada de *sonata-allegro*, forma sonata, ou forma de primeiro movimento. Em sua estruturação clássica, a sonata consiste em uma introdução opcional, uma exposição de material básico (que muitas vezes é repetida), um desenvolvimento desse material e uma recapitulação, ocasionalmente seguida por uma coda[3]. Para alguns musicólogos, a principal característica da forma sonata é a presença, na exposição, de dois temas contrastantes. No desenvolvimento, os dois temas entram em conflito, sendo retrabalhados de forma a criar uma tensão, que é resolvida na recapitulação. Para outros teóricos, a questão central é o conflito, não de temas, mas entre áreas tonais. Nesse caso, a forma sonata não se caracteriza tanto pelo tema apresentado na exposição e posteriormente desen-

---

2. Cf. Patricia Haas Stanley, "Verbal Music in Theory and Practice", em *Literature and Music. Essays on Form, op. cit.*, pp. 44-51.

3. Sobre as diferentes definições da forma sonata, ver Willi Apel, *The Harvard Dictionary of Music, op. cit.* Também Peter J. Rabinowitz, "Chord and Discourse", em *Music and Text, op. cit.*, pp. 49-51.

volvido, mas por uma *instabilidade inicial*, sob a forma de duas áreas tonais conflitantes. Essa tensão acentua-se durante o desenvolvimento, que não apenas entrelaça os temas, mas, sobretudo, aventura-se por áreas harmônicas mais distanciadas. A recapitulação resolve essas tensões eliminando o conflito de tonalidades, pois, na recapitulação, tanto o primeiro como o segundo tema reaparecem na tônica. Tem-se, assim, uma estrutura ABA', representando instabilidade/intensificação da instabilidade/resolução[4].

Consciente ou inconscientemente, romancistas e poetas têm-se deixado seduzir pela forma sonata – representação musical de um mundo *in parvo*, um microcosmo, que projeta a impressão de um todo perfeitamente integrado[5] –, usando-a como inspiração para a análise ou elaboração de textos com temas dispostos de modo a lembrar a composição musical. De forma ambivalente, Manuel Bandeira narra sua frustrada tentativa de compor um poema desse tipo. Não ficando satisfeito com o resultado, Bandeira lamenta o malogro. Mas também afirma que o esforço só poderia resultar em frustração, já que um poema jamais pode reproduzir literalmente a realização musical. Vale a pena ouvir o testemunho do poeta:

> Não há nada no mundo de que eu goste mais do que de música. Sinto que na música é que conseguiria exprimir-me completamente. Tomar um tema e trabalhá-lo em variações, ou, como na forma sonata, tomar dois temas e opô-los, fazê-los lutarem, embolarem, ferirem-se e estraçalharem-se e dar a vitória a um ou a outro, ou, ao contrário, apaziguá-los num entendimento de todo repouso, creio que não pode haver maior delícia em matéria de arte. Dir-me-ão que é possível realizar alguma coisa de semelhante na arte da palavra. Concordo, mas que dificuldade e só para obter um efeito que afinal não passa de arremedo. Por volta de 1912, tempo em que andei me intrometendo na música e até ousei querer entender o *Tratado de Composição* de Vincent d'Indy, tentei, muito sugestionado pelo livro de Blanche Selva sobre a sonata, reproduzir num longo poema a estrutura da forma sonata. Sempre lamento ter destruído a minha sonata, onde havia um alegro, um adágio, um *scherzo* e o final. Não foi simples exercício: era expressão de uma profunda crise de sentimento: só que eu, como corretivo ao possível

4. Cf. Peter J. Rabinowitz, "Chord and Discourse", *op. cit.*, pp. 50-51.
5. Cf. Hauser, *História Social da Literatura e da Arte*, vol. II, São Paulo, Editora Mestre Jou, 1972, p. 875.

sentimentalismo, desejei estruturar os meus versos (eram versos livres) segundo a severa estrutura musical[6].

A forma sonata não fascinou apenas o poeta brasileiro. Como modelo para a estruturação de poemas e de textos ficcionais, oferece o conceito básico para inúmeros ensaios críticos. Entre eles, cito uma coleção organizada por Nancy Anne Cluck. Os estudos analisam romances de James Joyce (*Ulysses*), Conrad Aiken (*Great Circle*), Hermann Hesse (*Steppenwolf*) e contos de Thomas Mann e Poe, além de poemas de T. S. Eliot (*Waste Land* e *Four Quartets*) e – tipo de análise pouco freqüente – de um texto dramático, *Ghost Sonata* de Strindberg. A título de ilustração, resumo o ensaio de Don Noel Smith sobre *Ulysses*. O crítico admite que a enorme complexidade do romance de Joyce, essa *summa* literária do século XX, constitui um desafio para a análise estrutural. Embora não afirmando que o autor tenha conscientemente tomado o modelo da sonata, Smith lembra a importância da música na vida e na obra de Joyce, cujos textos fervilham com alusões musicais, além de alguns efeitos importantes dependentes de fragmentos de canções. Smith invoca outras circunstâncias: sabidamente, o episódio das sereias em *Ulysses* é baseado na fuga, e Joyce, na velhice, insistia que *Finnegan's Wake* é música. Já em 1922, ano da primeira edição de *Ulysses*, Ezra Pound notou a semelhança de estruturação com a forma sonata, no que foi secundado por Harry Levin em 1960 e Robert Boyle en 1965. No ensaio de 1981, Smith busca demonstrar que a forma sonata descreve, com economia e abrangência, o arcabouço geral do romance de Joyce, em que os temas centrais – busca da figura paterna, usurpação, peregrinação e retorno – correlacionam-se com as personagens principais. Utilizando a divisão em episódios paralelos à *Odisséia* adotada por Stuart Gilbert, Smith atribui a *Ulysses* uma estrutura tripartite, contendo exposição, desenvolvimento e recapitulação, como na forma sonata. Omitindo-se os detalhes da longa análise, chega-se ao seguinte esquema:

6. "Itinerário de Pasargada", *Poesia Completa e Prosa*, *op. cit.*, pp. 50-51.

1. Capítulos 1-6, de "Telêmaco" a "Hades": *Exposição dos temas*, primeiro em relação a Stephen, depois em relação a Bloom. A presença de Blazes Boyle introduz o tema da usurpação.
2. Capítulos 7-15, de "Éolo" a "Circe": *Desenvolvimento*. Os temas são modulados, com o foco narrativo voltando de Bloom para Stephen tão abruptamente como no movimento inverso, anterior. Entrelaçam-se os acontecimentos envolvendo as duas personagens.
3. Capítulos 16-17, "Eumaus" e "Itaca": *Recapitulação*. Stephen e Bloom encontram-se, conversam, refletem sobre as considerações e incidentes do dia, também relatados a Molly por Bloom.
4. Capítulo 18, "Penélope": *Coda*. Resolução dos temas, conferindo um sentido de acabamento à obra.

Ao analisar dessa forma a estrutura geral de *Ulysses*, Smith observa que se tivesse adotado categorias de análise literária, como a divisão do romance em exposição, complicação, clímax e resolução, a análise não teria a mesma eficácia: esses conceitos literários supõem uma linearidade e agilidade de ação inexistentes em *Ulysses*. A respeito, Smith cita Edmund Wilson: "Há uma tremenda vitalidade em Joyce, mas muito pouco movimento: ele é mais sinfônico do que narrativo. Sua ficção tem suas progressões, seus desenvolvimentos, mas são mais musicais do que dramáticos". Argumentando no mesmo sentido, Smith complementa o esquema resumido acima com uma análise detalhada de alguns acontecimentos-chave. Conclui que a analogia musical ultrapassa o aspecto formal: a cosmovisão implícita em *Ulysses* sugere uma relação dos acontecimentos com o tempo, o espaço e o movimento, que se assemelha à dos sons dentro da composição musical[7].

Entre os críticos brasileiros, Maria Luiza Ramos, em seu estudo sobre *Maíra,* romance de Darcy Ribeiro, oferece uma análise semelhante. Parte de uma conceituação de sonata envolvendo introdução, exposição, desenvolvimento e recapi-

7. Don Noel Smith, "Musical Form and Principles in the Scheme of Ulysses", *Literature and Music. Essays on Form*, op. cit., pp. 213-224.

135

tulação, bem como a oposição entre dois temas que se contrapõem em tonalidades distintas, a cultura indígena e a chamada civilização. Contrastando com o contexto indígena, o contexto civilizado é marcado por um discurso referencial, pontuado às vezes por clichês burocráticos do registro policial. Nesse discurso, diz a autora,

não há lugar para a reflexão, pois o que importa é informar, devendo pois a linguagem acompanhar a rapidez com que se sucedem os fatos. Por outro lado, espelhando logo depois a atemporalidade do mundo mítico, que caracteriza o segundo tema, o discurso é lento e poético. As pausas e as freqüentes repetições instauram na recursividade da linguagem, voltada sobre si mesma, a densidade dos ritos no mundo fechado das sociedades primitivas. Como se dá na forma sonata, há um contraste entre as duas linguagens, desde uma diferença tonal até um diversificado tratamento rítmico[8].

Outro exemplo de análise de ficção – no caso um conto – é o estudo de H. A. Basilius sobre *Tonio Kröger*, de Thomas Mann. O conto é apresentado como uma seqüência tripartite constituída por exposição-desenvolvimento-recapitulação, semelhante à forma sonata. A narrativa sobre a juventude da personagem constitui a exposição, seguida pelo *intermezzo* lírico da volta ao lar – o desenvolvimento, ou, na terminologia do autor, a digressão – e arrematada pelo *dénoument,* que recapitula e resolve as questões iniciais. Basilius acrescenta uma observação crucial, antecipada pela análise de Maria Luiza Ramos, a qual diz respeito ao aspecto formal do texto literário: a mera ordenação mecânica dos incidentes numa construção ternária, ou a simples alusão a termos, personagens e acontecimentos associados com a música, não basta para conferir ao texto um estilo "musical". Este só existe quando o texto comunica a urgência de expressão emocional que, segundo o autor, distingue a música das outras artes. Basilius não oferece, entretanto, critérios para avaliar a existência ou inexistência desse "complexo instintual-afetivo",

8. Maria Luiza Ramos, *Maíra: Leitura/Escritura. Interfaces. Literatura Mito Inconsciente Cognição*, Belo Horizonte, Editora da UFMG, 2000, p. 142; Nancy Anne Cluck (ed.), *Literature and Music. Essays on Form*, *op. cit.*

que caracterizaria a "urgência de expressão emocional" por ele invocada[9].

Um importante ensaio de Helen Gardner sobre *Four Quartets* de T. S. Eliot retoma a questão no ponto em que Basilius a abandona. Analisando o poema como sonata, a autora enfatiza um aspecto crucial: o estudo de textos literários construídos de forma semelhante à da sonata não se reduz a uma fórmula. A analogia com a música vai muito além de uma comparação das partes do texto literário com a composição de uma sonata, ou de uma identificação do entrelaçamento temático em uma e outra arte. O uso cumulativo de ritmos, imagens, modulações de sentido e associações múltiplas é que aproxima decisivamente a obra literária da musical. Como exemplo, vale a pena citar pelo menos uma parte da longa e convincente exposição de Gardner sobre *Four Quartets*. O poema de T. S. Eliot inclui quatro composições integradas: "Burnt Norton", "East Coker", "The Dry Salvages" e "Little Gidding". Ouçamos a voz de Gardner:

> Quanto mais nos familiarizamos com *Four Quartets*, mais nos compenetramos de que a analogia com a música vai muito além da comparação das seções do poema com os movimentos de um quarteto, ou da identificação dos quatro elementos como material temático. Somos continuamente lembrados da música pelo tratamento das imagens, que retornam com modificações constantes, do ponto de vista do contexto, ou das combinações com outras imagens recorrentes, como quando uma frase retorna, alterada, na música. Essas imagens recorrentes, como os símbolos básicos, são comuns e óbvias, quando as encontramos pela primeira vez. Quando reaparecem, modificam-se, semelhante ao que acontece ao ouvirmos uma frase musical em um instrumento diferente, ou em outra tonalidade, ou quando se funde e combina com outra frase, ou quando de algum modo é transformada ou invertida. Um exemplo simples é a expressão "um raio de sol" ao fim de "Burnt Norton". [Aí], um momento de felicidade definido em "The Dry Salvages" como "uma iluminação súbita" assume forma concreta na imagem do raio de sol que transfigura o mundo:
>
> "Súbito num dardo de luz solar
> Enquanto a poeira se move
> Retine o riso oculto

---

9. H. A. Basilius, "Thomas Mann's Use of Musical Structure and Techniques in *Tonio Kröger*", *op. cit.*, pp. 152-174.

137

Das crianças na folhagem.
Depressa agora, aqui, agora, sempre
– Absurdo o sombrio tempo devastado
Que antes e após seu rastro alastra".

Esta é a afirmação concreta final do tema de "Burnt Norton"; mas lembra a experiência que já nos foi transmitida em outro ritmo e com acompanhamentos descritivos diferentes na segunda parte do primeiro movimento, quando o sol por um momento surge brilhante de uma nuvem e todo o jardim deserto parece encher-se de vida:

"Seco o tanque, concreto seco, calcinados bordos,
E o tanque inundado pela luz solar,
E os lótus se erguiam docemente, docemente,
A superfície flamejou no coração da luz,
E eles atrás de nós, no tanque refletidos,
Passou então uma nuvem, e o tanque se apagou".

A imagem, repetida no fim de forma tão diferente, estabelece a validade da primeira experiência. Apesar de brève e ilusória no primeiro movimento, não é descartada. Permanece no pensamento e volta. Mesmo se

"O tempo e o sino sepultaram o dia,
Nuvens negras arrebatam o sol[10]".

Quando cai o "súbito raio", é o tempo que parece uma ilusão.

Essa imagem do "raio de sol" parece ter um sentido bem diferente quando a encontramos ao fim de "The Dry Salvages", unida às imagens de "East Coker":

"Para a maioria de nós, há apenas o solitário
momento, o momento dentro e fora do tempo,
a desatenção adequada, perdida na luz solar,
o ritmo silvestre oculto, ou o relâmpago hibernal,
Ou a cascata, ou música ouvida tão fundamente
Que de todo não se ouve, mas tu és a música
Enquanto a música dura. São apenas sugestões e conjecturas,
Conjecturas após as sugestões; e o resto
É prece, observância, disciplina, pensamento e ação[11]".

O tom adotado, as imagens da natureza associadas ao "dardo de luz solar", a frase "desatenção adequada", e todo o ritmo lento, sugestivo de uma atmosfera onírica, parecem sugerir que não se deve confiar em tais momentos, nem na verdade esperar muito por eles, mas apenas recebê-los com gratidão, como dádivas, quando ocorrem.

10. A tradução de *Quatro Quartetos* é de Ivan Junqueira. T. S. Eliot, *Poesia*, introdução, tradução e notas de Ivan Junqueira, Rio de Janeiro, Nova Fronteira, 4ª edição, 1981, pp. 200-204.

11. A tradução de Ivan Junqueira não inclui esses nove versos. Por esse motivo, traduzi-os eu mesma.

138

Continuando a analisar as implicações musicais de *Four Quartets*, o notável ensaio de Gardner mereceria ser transcrito na íntegra. Na impossibilidade de fazê-lo, cito apenas mais alguns trechos conclusivos:

> O tratamento musical de imagens, frases e palavras com o objetivo de realçar os sentidos latentes e as diferentes significâncias desaconselham a busca, pelo leitor, dos símbolos precisos em *Four Quartets*. Se há trechos de sentido evanescente, cujo âmago não conseguimos atingir, o melhor é prosseguir na leitura, preferivelmente em voz alta; pois música e sentido irrompem no ponto de interseção, nas mudanças e movimento do conjunto. Quando lemos dessa forma podem escapar-nos detalhes de significâncias; mas não se perderá o ritmo global do poema, e gradualmente a compreensão das partes se tornará mais fácil. [...] Lendo *Four Quartets* assim, atentos a essa "música do sentido" que irrompe no ponto de interseção onde palavra se articula com palavra, frase com frase, e imagem com imagem, compreende-se que, embora Eliot tenha dado a outros poetas uma forma que podem utilizar para seus próprios fins, e embora seu tratamento de imagens e palavras possa sugerir métodos para desenvolver temas poéticos, *Four Quartets* é um poema único e essencialmente inimitável[12].

O texto de Gardner incorpora à análise da forma sonata, em sua realização literária, elementos como modulações de sentido, imagens cíclicas em contínua metamorfose, recorrência de temas e outras estratégias básicas para a construção poética. Palmilha assim um terreno freqüentemente desconsiderado, mas extremamente enriquecedor para o tratamento da questão.

12. Helen Gardner, "The music of Four Quartets", *Literature and Music. Essays on Form, op. cit.*, pp. 94-106.

5. ALÉM DA MELOPOÉTICA ESTRUTURAL

Contam-se às centenas as análises de textos literários sob a perspectiva de sua construção, análoga à de formas musicais como a forma sonata, a fuga e a *passacaglia*. Ocasionalmente, a melopoética explora trilhas menos freqüentadas, como a crítica pós-estruturalista. Esta pode ser exemplificada por um ensaio de Claudia Stanger, que começa por retomar os conceitos saussureanos, reformulados por Jakobson, de eixo paradigmático, metafórico ou de substituição, em oposição ao eixo sintagmático, metonímico ou de justaposição. Na análise músico-literária adotada por Stanger, o eixo paradigmático compreende o uso da metáfora musical, quando referências musicais substituem um elemento na obra literária. Stanger cita *The Untuning of the Sky*, de John Hollander, como um exemplo do uso de alusão metafórica à música: a análise da música na poesia inglesa é tratada como emblema do transcendentalismo. A autora considera, entretanto, que a exploração do eixo paradigmático mantém a separação entre as duas artes. As análises mais interessantes focalizam, segundo Stanger, o eixo sintagmático, em que ocorrem os elementos verdadeiramente musicais. A apreciação desse aspecto metonímico depende do conhecimento musical do leitor, que deverá ser capaz de captar a presença do elemento musical no texto verbal. Stanger contempla especialmente obras que envolvem o uso simultâneo do signo literário e do signo musical, como o *lied*, a ópera, canções folclóricas e baladas. Para representar esse signo interdisciplinar a autora usa a seguinte fórmula:

$$\frac{\text{Significado}}{\text{Significante}} = \frac{\text{música}}{\text{literatura}} = \text{signo interdisciplinar.}$$

O uso sintagmático da música na literatura explora, assim, a cumplicidade entre as duas artes, concretizando-se numa linha de experiências seqüenciais, que se revelam à medida que se desdobra a dualidade do texto:

o texto músico-literário, em seu aspecto metonímico, é ativo e progressivo, desenrola-se numa cadeia sucessiva de segmentos temporais. É o único tipo de criação interdisciplinar que recorre à principal propriedade comum à música e à literatura, o elemento temporal. O texto literário deixa-se então impregnar pela música, em vez de ser seu referente, permanecendo sempre aberta a possibilidade de o texto tornar-se talvez mais musical que literário[1].

Desenvolvendo sua proposta, Stanger cita o estruturalismo musical de Leonard B. Meyer. Meyer postula que o signo musical é a representação por excelência do significado, mas insiste que se trata de um signo essencialmente incapaz de ser definido, pois varia conforme o contexto, isto é, dentro de cada obra musical. Meyer parte da noção de que a música, em si mesma, é um significante sem significado determinado, com poucas exceções, ilustradas por certas seqüências de notas, como o toque de alvorada, dotado de um significado preciso pela tradição.

Stanger propõe a justaposição do estruturalismo musical de Meyer com a crítica literária inspirada em Jacques Derrida,

---

1. Claudia S. Stanger, "Literary and Musical Structuralism", *op. cit.*, pp. 224-225.

142

seu questionamento do signo saussureano e seu conceito de significado deslizante. Dentro dessa concepção, a literatura é, como a música, puro significado, sem necessidade de um referente específico. Conclui-se que o signo interdisciplinar, ou texto literário-musical (*lied*, balada, ópera etc.), pode ter uma ênfase variável, dependendo da preponderância, na obra, do elemento musical ou do literário, embora ambos, em graus variáveis, estejam sempre presentes. Assim, o texto equilibra-se entre dois conjuntos de oposições polares, inerentes às estratégias expressivas próprias da música e da literatura. Considera-se, por um lado, a postura de Derrida, que toma o discurso verbal escrito como uma cadeia de significantes, com sentidos múltiplos e cambiantes, em um texto infinito. Por outro, utiliza-se a concepção da música dada por Meyer: puro sinificado, que gera seus próprios significantes a cada novo texto. Continua Stanger: "se o significante literário aponta para um significado desconhecido, e se o significado musical aponta para seu próprio contexto como um significante sempre renovado, então o texto literário-musical deve fazer as duas coisas". Ainda segundo Stanger, essa operação dupla pode ser descrita por meio do contraste entre dois conceitos propostos por Roland Barthes: texto legível, que é basicamente informativo, e texto escrevível, que é inacabado, e cujo sentido recôndito, cambiante, plural, sempre adiado, precisa ser interpretado, ou reescrito, pelo leitor. Assim,

a operação do texto músico-literário usa o significado da literatura para apontar além de si mesmo. Mas, em vez de se projetar numa cadeia infinita de reescrita ou significação deslizante, o texto literário é capturado pela teia de pura significação, que é a música. Nem bem começa a realizar o potencial de infinito sentido, o texto músico-literário é colhido pela presença da música ausente. À medida que o movimento do texto para seu exterior é detido pela pura significação da música, desmente-se a capacidade do texto literário de atuar como puro significante[2].

A autora resume suas considerações sobre o texto músico-literário na seguinte fórmula:

2. *Idem*, p. 226.

143

$$\frac{\text{música}}{\text{literatura}} = \frac{\text{sentido cambiante}}{\text{infinito sentido potencial}}$$

Nessa união de música e literatura, o significante literário reafirma sua relação cambiante com a ausência de sentido na música. O leitor/ouvinte vê-se forçado a participar da cadeia de relações perpetuamente mutáveis entre o elemento musical e o literário. Nessa criação interdisciplinar, o significante literário reafirma sua relação contínua e sempre cambiante com a vacuidade do sentido musical. Ao leitor só cabe reescrever o texto da forma que deveria ter sido de acordo com o modelo da música; ao descobrir os hiatos na presença/ausência da música, pode apenas vislumbrar interpretações possíveis. Invoca-se, assim, algo que nunca logra manifestar-se, cuja ilusão de presença só existe na medida em que o leitor reescreve o texto de acordo com o modelo ausente, sugerido à medida que se revela o texto músico-literário.

A análise de Stanger, partindo de uma orientação estrutural, busca transcendê-la. Há que pensar em propostas mais radicais, adequadas para obras musicais e literárias que, por descartar formas tradicionais, exijam abordagens igualmente inaugurais. Cabe o exemplo das últimas composições de Beethoven, as quais um estudo de R. T. Llewellyn aproxima das últimas obras de Goethe, precisamente por se tratar de textos experimentais, resistentes a análises convencionais. As três últimas sonatas para piano, as duas para violoncelo e os últimos quartetos para cordas, especialmente os em lá menor, em si bemol e em dó sustenido menor, ostentam uma atitude nada convencional diante de questões formais. O ouvinte defronta-se com um estilo "lacônico e enigmático", com "justaposições abruptas de elementos aparentemente discrepantes – o sublime e o prosaico, o etéreo e o grotesco, o refinado e o rústico". Nessas peças, que pareceram opacas e desgraciosas aos contemporâneos do compositor, e continuam a desafiar os ouvintes de nossos dias, descarta-se a aparência de arte, resume Llewellyn: apenas o uso do *Leitmotiv* garante certo controle formal sobre os elementos díspares. Algo semelhante teria acontecido com o enigmático romance de Goethe, contemporâneo de Beethoven, *Wilhelm Meisters Wanderjahre*, e viria acontecer com textos literários do século XX, como os romances de Thomas Mann, Aldous Huxley, James Joyce e Hermann Broch, além da poesia de T. S. Eliot. Como as composições de Beethoven, esses textos impõem seus próprios parâmetros estéticos, resistindo aos tradicionais[3].

Podemos acrescentar que, tendo utilizado técnicas como a colagem, próprias de sua "tradição de ruptura", os textos modernistas foram assimilados pela crítica de nossos dias. No domínio da música, como na literatura, surgem certamente outros, em que a necessidade de renovação – a criação de uma forma pouco perceptível a seus primeiros críticos – dará, como nos exemplos anteriores, a impressão de ausência de forma. Essa afirmação é coerente com o pronunciamento de John Cage: a única ligação entre a música do passado e a composição do futuro deverá ser a noção de forma. Sendo, por definição, imprevisível, a nova forma do futuro, latente no presente, poderá, como a arte que conhecemos, inspirar análises músico-literárias revolucionárias, exigindo, contudo, novos recortes críticos, que só os textos específicos poderão sugerir.

---

3. Cf. R. T. Llewellyn, "Parallel Attitudes to Form in Late Beethoven and Late Goethe: Throwing Aside the Appearance of Art", em Nancy Anne Cluck (ed.), *Literature and Music. Essays on Form*, Utah, Brigham Young University Press, 1981, pp. 242-252.

6. A MELOPOÉTICA CULTURAL

Em capítulos anteriores procurei demonstrar a utilidade da melopoética estrutural, que desnuda, latentes em certas construções literárias, arcabouços semelhantes aos de composições musicais. É o que evidenciam as pesquisas sobre recriações da forma sonata, do contraponto e da fuga, da suíte e da rapsódia, de motivo, tema e variação, na ficção e na poesia.

Outros trabalhos, menos fáceis de agrupar, contribuem para a descrição da atmosfera associada à obra literária, estudando imagens ou alusões musicais, a relação de autores com a música, preferências e atitudes de personagens, que oferecem elementos para sua caracterização e para a identificação de temas. Valha como exemplo a coletânea de André Coeuroy, *Musique et Littérature*[1], com capítulos intitulados "Le sentiment musical dans les littératures modernes", "L'hésitation artistique d'Otto Ludwig", "Sur Nietzsche musicien", "L'âme

---

1. André Coeuroy, *Musique et Littérature. Études de Musique et de Littérature comparées*, Paris, Librairie Bloud & Gay, 1923.

musicale de Carl Spitteler", "Esquisse d'une évolution de l'inspiration musicale dans la littérature anglaise du XIX siècle", "La poésie musicale de Shelley ", "Philosophie et poétique musicales d'Edgar Poe", "Dostoievski et la chanson populaire", "Flaubert musicien", "L'esthétique musicale du comte de Gobineau", "La musique dans l'œuvre de Marcel Proust". Em alguns desses textos vislumbra-se uma abordagem histórica ou biográfica, que predomina em outros trabalhos, como o artigo de Roger Dragonetti, "Le mariage des arts au Moyen Age", com informações preciosas sobre a relação entre música e literatura no período medieval[2]. Explorando dados históricos e sociais, Dragonetti prenuncia a abordagem cultural, que, longe de ser incompatível com a formalista ou a estrutural, pode complementá-la proveitosamente[3].

Não é difícil demonstrar a utilidade da crítica cultural para o estudo de composições que combinam textos verbais e musicais. Já tive a ocasião de comentar as reverberações culturais, políticas e sociais de algumas canções voltadas para a exclusão social, legitimada pela suposta inferioridade de raça, gênero ou classe social. A questão racial aflora na recepção, entre os ouvintes negros da África do Sul, de *All Night Long*, do compositor afro-americano Lionel Richie. A análise dos *Lieder* da série *Frauenliebe* de Schumann identifica, não só na letra, mas na própria estrutura musical, a ideologia vitoriana sobre a feminilidade. A série celebra uma subjetividade feminina resignada a repetir ciclicamente o papel imposto à mulher pela sociedade patriarcal, que não lhe permite assumir-se como agente da própria história. Finalmente, meu estudo de um samba da *Ópera do Malandro* de Chico Buarque aponta, tanto na letra como na técnica musical, a crítica à exclusão de significativos contingentes populacionais pelo capitalismo globalizado.

A interpretação dessas canções faz lembrar que, por meio da representação musical, a cultura penetra na música, e esta,

---

2. Raphaël Célis (org.), *Littérature et Musique*, Bruxelles, Facultés Univesitaires Saint-Louis, 1982.

3. A respeito da complementaridade das abordagens formalista e cultural, ver o prefácio de Steven Paul Scher a *Music and Text*.

na cultura, como sentido, discurso e até ação. A interpenetração é muitas vezes indicada por algo que Lawrence Kramer chama de *designador*: uma alusão, implícita ou explícita, própria para orientar a audição. O designador pode aparecer em títulos, epígrafes, referências musicais ou literárias, programas (para a música programática) ou nas letras, como na canção de Richie, nos *lieder* de Schumann e no samba de Chico Buarque.

Se a abordagem cultural serve, assim, a composições mistas, que, como a canção, a ópera e o *lied*, combinam textos musicais e literários, presta-se igualmente à análise de criações puramente musicais, ou a textos literários em que a música desempenha papel essencial. Na composição musical, independente de qualquer outro elemento, o designador encontra-se no contexto social como um todo, já que, como todo sistema semiótico, a música não possui significados intrínsecos. Fora do "sentido" presente em sua organização composicional, possui apenas aqueles, de natureza convencional, que lhe são transmitidos pelas respectivas comunidades: o discurso musical é inseparável de práticas sociais em constante transformação. Basta pensar nos tipos de música associados a atividades grupais, como rituais religiosos ou guerreiros: não há como dissociá-los do contexto cultural que os incorpora e lhes confere sentido. É também inegável a homologia entre certas estruturas musicais e construções sociais. Como lembra Wendy Steiner, a principal fonte de poder de um certo tipo de arte, prendendo-se à iconicidade, ou à pretensa "naturalidade" do sistema subjacente, camufla o fato de que a ordem social também é um construto cultural, a serviço do *status quo*[4]. O texto de Steiner tem assim muito em comum com o artigo "A Musical Icon: Power and Meaning in Javanese Gamelan Music", no qual Judith e Alton Becker discutem longamente o fato de que, para apreciar a música javanesa tradicional, é necessário reconhecer sua iconicidade com a concepção de tempo, e até com certas construções dramáticas de Java[5]. O traço distintivo de seu sistema musical

---

4. Wendy Steiner (ed.), "Introduction", *The Sign in Music and Literature*, Austin, University of Texas Press, 1981, p. 8.

5. Judith e Alton Becker, "Power and Meaning in Javanese Gamelan Music", *The Sign in Music and Literature*, Wendy Steiner (ed.), Austin,

icônico são pequenas e grandes coincidências de sons cíclicos, cuja unidade básica é o *gongan*, ciclo melódico repetido um número variável de vezes, mas cuja nota inicial, acentuada pelo soar de um gongo, coincide sempre com a final, assinalando o ponto de estabilidade. Esse sistema cíclico é homológico com o calendário javanês, que calcula um dia descrevendo sua posição dentro de vários sistemas temporais cíclicos simultâneos. O sistema musical é icônico também com a estrutura musical de certas peças protagonizadas por sombras de marionetes. Representações de deuses, heróis e demônios integram enredos musicados, simultâneos, embora separados. Em alguns pontos, há coincidências parciais, e, finalmente, uma coincidência total dos vários ciclos, demonstrando mais uma vez que, como os sistemas lingüísticos, os sistemas musicais transcendem meras organizações de elementos sonoros: manifestam a forma como uma determinada sociedade entende o mundo e se relaciona com ele, contribuindo para a compreensão de sua história e de sua cultura.

Essas considerações mostram-se relevantes também para textos literários nos quais alusões musicais desempenham papel significativo, como alguns que proponho analisar. Para interpretá-los, há que recorrer à musicologia, de forma a definir os conceitos musicais pertinentes, suas implicações culturais e sua relevância para a obra estudada. Essa é a tarefa do que aqui denomino melopoética cultural: uma abordagem músico-literária que enfatiza as implicações culturais de referências musicais. Por imposição dos próprios textos, essa abordagem informa meu estudo da ficção de alguns autores ligados a culturas marcadas pela experiência da colonização: Alejo Carpentier, Silviano Santiago, Antônio Callado, Kamau Brathwaite, Roger McTair, Irene Wanner, Hazel Campbell e Wole Soyinka. Em nenhum momento perco de vista o fato de que não analiso composições "reais", mas simples referências literárias,

The University of Texas Press, 1981, pp. 203-215. A respeito do conluio entre a arte (especialmente as artes plásticas) e o exercício do poder, cf. Carol Duncan, *The Aesthetics of Power. Essays in Critical Art History*, Cambridge University Press, 1993.

150

representações da "audição" ou da "leitura" feitas pelo narrador ou pelo personagem ficcional[6]. A leitura dessa leitura revela analogias, contrastes, seqüências que, prospectiva e retrospectivamente, contribuem para a constituição de um sentido, rico em implicações culturais, especialmente instigantes quando ligadas a sociedades que, como a nossa, incorporam uma experiência, próxima ou remota, de colonização.

Com exceção de *Los Pasos Perdidos* de Alejo Carpentier, os textos analisados na última parte desse livro raramente contêm alusões a composições eruditas. Constitui uma exceção parcial o romance do autor cubano, em que a *Nona Sinfonia* de Beethoven é introduzida como elemento de contraste com a música pré-colombiana. Nos demais textos, as alusões contemplam formas musicais simples, geralmente híbridas – cantigas, serenatas, boleros, lundus, choros, sambas. Devido a suas implicações culturais, enriquecidas pelo caráter híbrido das composições, as referências musicais constituem entradas propícias à discussão de alguns dos temas mais apaixonantes da crítica pós-colonial. Antes de abordar esses textos, todos de ficção, procurarei ilustrar minha concepção de melopoética cultural analisando um poema de Mário de Andrade, transcrito a seguir.

Lundu do Escritor Difícil

Eu sou um escritor difícil
Que a muita gente enquisila
Porém essa culpa é fácil
De se acabar de uma vez:
É só tirar a cortina
Que entra luz nesta escurez.

---

6. Na expressão de Barthes, literatura e música exigem ambas uma ação constitutiva, um ato lexicográfico: a partitura não se concretiza sem a execução e a audição interpretativa, nem o texto literário sem a leitura. Como resume Louis Marin: a obra de arte não passa de uma possibilidade de sentido. A constituição do texto não está nele, em si mesmo, mas em sua leitura. Roland Barthes, *S/Z. An Essay*, trad. Richard Miller, New York, Hill and Wang, 1987, p. 10. A propósito, cf. também, Louis Marin, *Etudes sémiologiques*, Paris, Klincksieck, 1971, p. 54. Marin refere-se às artes plásticas, mas a observação é igualmente válida para outros sistemas semióticos.

Cortina de brim caipora,
Com teia caranguejeira
E enfeite ruim de caipira,
Fale fala brasileira
Que você enxerga bonito
Tanta luz nesta capoeira
Tal e qual numa gupiara.
Misturo tudo num saco
Mas gaúcho maranhense
Que pára no Mato Grosso,
Bate este angu de caroço
Ver sopa de caruru;
A vida é mesmo um buraco,
Bobo é quem não é tatu!

Eu sou um escritor difícil
Porém culpa é de quem é!
Todo difícil é fácil
Abasta a gente saber,
Bagé, piché, chué, ô "xavié",
De tão fácil virou fóssil,
O difícil é aprender
Virtude de urubutinga
De enxergar tudo de longe!
Não carece vestir tanga
Para penetrar meu cassange!
Você sabe o francês "singe"
Mas não sabe o que é guariba?
Pois é macaco, seu mano,
Que só sabe o que é da estranja.

O título do poema exibe um designador óbvio, pista transparente mas indispensável para a leitura. Remete à definição de lundu, canto e dança populares no Brasil durante o século XVIII, introduzidos provavelmente por escravos de Angola. Em 1895, Nina Rodrigues o descreve como "dança de pretos, muito indecente, na qual se faz mil espécies de movimentos com o corpo"[7]. A referência à forma musical e coreográfica afro-brasileira aponta diretamente para o caráter híbrido da cultura nacional, em que o elemento africano ocupa espaço ponderável. No poema, a voz poética identifica-se com esse

7. Cf. Mário Andrade, *Dicionário Musical Brasileiro*, Belo Horizonte, Itatiaia, 1989, p. 291.

elemento que passa a indicar, metonimicamente, as várias etnias que contribuíram para a construção da cultura nacional, sobretudo em suas manifestações populares. É o que sugere a *persona* poética, quando convida à adoção da "fala brasileira", com suas diversas variantes regionais, referindo-se a construções sintáticas típicas do linguajar popular ("Não carece vestir tanga"), a pronúncias excluídas da linguagem culta ("ruim", "xavié"), além de itens léxicos, alguns pouco difundidos, cuja origem africana e indígena reflete os diferentes elementos étnicos fundidos na cultura nacional ("urubutinga", "caipora", "gupiara", "guariba", "angu", "caruru"). Inseparáveis da referência ao lundu, esses fatores sublinham a proposta nacionalista do modernismo, bem como a sua condenação da subserviência cultural, responsável pela admiração acrítica pela produção cultural estrangeira ("você sabe o francês 'singe' ") e pelo repúdio do nacional ("mas não sabe o que é guariba"). Por constituir uma exceção à regra, e conhecer e explorar artisticamente a própria cultura, é que a voz poética paradoxalmente se confessa um "escritor difícil". O conjunto das propostas implícitas no poema é que constitui o "lundu", simbolicamente executado pela voz poética diante do silencioso ouvinte construído pelo texto: o brasileiro europeizado, ignorante da língua e dos costumes de seu próprio país. A alusão musical potencializa os vários constituintes textuais, indispensáveis à leitura, exemplificando ainda uma vez a importância da imagem musical para os estudos literários. Encontraremos alusões equivalentes em outros textos que pretendo analisar, alguns de autores brasileiros, outros escolhidos na vasta produção pós-colonial de expressão inglesa.

A análise melopoética aqui exemplificada esboça questões que, embora de forma diversa das levantadas em relação a muitas nações do chamado Terceiro Mundo, permitem também considerar a produção literária latino-americana – incluindo a brasileira – sob a óptica da crítica pós-colonial. É o que espero fazer, encerrando a série de estudos com o romance de Alejo Carpentier, *Los Pasos Perdidos*, em que o mito de origem, metaforizado no mistério da origem da música e dos instrumentos musicais, opõe uma América mitificada a uma Europa não menos transfigurada pelo imaginário. A incapa-

153

cidade de territorializar-se espiritualmente em um ou outro continente acaba por revelar, no desorientado musicólogo/narrador/protagonista de Carpentier, a incapacidade de conviver com as realidades da América Latina na única dimensão que realmente importa: o aqui/agora de nossas heterogêneas comunidades.

Parte IV: MODULAÇÕES PÓS-COLONIAIS:
A METÁFORA MUSICAL NA FICÇÃO
CONTEMPORÂNEA

*Não interpretar é impossível, como é impossível
abster-se de pensar.*

Ítalo Calvino, *Palomar*

1. A CANÇÃO CARIBENHA E A OPRESSÃO NEOCOLONIAL: A FEMINIZAÇÃO DO SUJEITO COLONIZADO

O Estupro do Sol.

PETER SHAEFFER

Ó minha África misteriosa e natural,
minha virgem violentada,
minha mãe!

NOÊMIA DE SOUZA

A narrativa em que se sobressai, como elemento organizador, a citação de uma canção real ou ficcional traz à baila uma questão teórica controversa: a importância relativa de melodia e letra dentro do todo constituído pela canção. Alguns teóricos afirmam o predomínio do elemento musical sobre o verbal, outros defendem a posição contrária, outros ainda atribuem igual peso aos dois elementos, enquanto um quarto grupo focaliza a tensão que algumas vezes se estabelece entre melodia e letra. Embora não negue a ponderável contribuição do elemento verbal – exemplificando-o com o canto-chão –, Susanne K. Langer inclui-se entre os teóricos que sustentam a predominância do musical sobre o verbal:

os bons compositores não desconsideram a natureza da linguagem verbal, mas também não obedecem a leis poéticas. Simplesmente transformam o material verbal – som, sentido, absolutamente tudo – em elementos musicais. [...] Quando palavra e música se unem, não se pode mais falar de poesia ou prosa, mas apenas de elementos musicais. Sua função é contribuir para criar e desenvolver a ilusão primária da música, a do tempo virtual, e não a da literatura, que é diferente. Assim, [os elementos verbais] perdem o *status* literário, e assumem funções puramente musicais [...] [A] coesão do verso, a simplicidade da proposição, a grandeza de certas palavras, levam o compositor a fixar-se nelas, subordinando a elas os elementos contextuais. Por isso, mesmo um ouvinte sem qualquer conhecimento de grego, que nem reconheça sua presença entre as palavras latinas, sentirá as ressonâncias sacras do texto *Kyrie Eleison, Christe Eleison.* A música pode, pois, absorver e assimilar elementos que habitualmente lhe são estranhos. Mas qualquer elemento assimilado é integralmente transformado em elemento musical. Quando letra e melodia se fundem no canto, a música engole as palavras: não apenas palavras e orações literais, mas até a estrutura verbal literária, a poesia. A canção não é um compromisso entre poesia e música, embora o texto em si possa ser um grande poema; a canção é música. [...] Quando um compositor utiliza um poema, destrói o poema e constrói uma canção. É por isso que versos banais podem ser tão úteis quanto grandes poemas. As composições de Schubert utilizando os versos medíocres de Müller resultam em canções tão belas quanto as inspiradas pelos tesouros poéticos de Shakespeare e Heine[1].

Entre os críticos brasileiros, Mário de Andrade assume uma posição semelhante, defendendo a primazia do elemento musical, embora sem desconsiderar o papel do texto verbal. Em relação à música religiosa, pondera:

a independência do ritmo musical jamais pôde nem poderá nunca sujeitar-se ao ritmo da palavra [podendo até dificultar] a compreensão do texto. [...] [P] ovo e primitivos desprezam totalmente às vezes, e sempre bastantemente, o sentido de seus textos. Os primitivos, tanto as feitiçarias primárias como as religiões mais adiantadas, usam de textos que não são compreendidos por ninguém. A própria religião católica, a mais intelectual das religiões, mas também a mais observadora da psicologia humana, sistematiza ainda agora

1. Susanne K. Langer, *Feeling and Form, op. cit.,* pp. 150-153.

o emprego intelectualmente absurdo do latim em seus cantos litúrgicos. Não há de negar: esse latinório anacrônico tem uma função muito grande de sugestão sobre o povo. Funciona com o mesmo assombramento das palavras cabalísticas, das glossolalias, que aparecem tanto numa fórmula religiosa do antigo Egito como no baixo espiritismo dum canto de catimbó[2].

Situando-se em outro campo, o daqueles que atribuem igual importância ao papel da letra e da melodia, Schumann chega inicialmente a defender a união perfeita entre música e poesia como a mais alta forma de composição vocal, embora mude de opinião na maturidade, aproximando-se da posição de Langer[3]. Spaethling identifica no *lied* romântico a estreita relação entre melodia e letra louvada por Schumann[4]. No Brasil, Santuza Cambraia Naves adota uma postura equivalente: estudando a canção popular brasileira, acredita numa "interação estreita de música e letra", que torna impossível conceber o texto inserido em outra melodia ou em outro ritmo[5]. Naves comenta a sincronização de acento musical e métrico, bem como a perfeita adaptação das complexas transições harmônicas e da linha melódica à temática tratada por Ari Barroso em *Camisa Amarela*. Essa canção ilustra o procedimento isomórfico, de comentário mútuo entre melodia e letra, que Augusto de Campos detecta nas canções da bossa nova[6]. Em linha ligeiramente diversa, José Miguel Wisnik menciona pontos de defasagem entre a onda musical e a onda verbal, com

---

2. Mário de Andrade, "Terapêutica Musical", *Namoros com a Medicina*, São Paulo/Belo Horizonte, Martins/Itatiaia, 1980, pp. 21-23.

3. Langer, *op. cit.*, pp. 153-154.

4. Robert Spaethling, "Literature and Music", *Teaching Literature and Other Arts*, Jean-Paul Barricelli, Joseph Gibaldi e Estella Lauter (eds.), New York, MLA, 1990, p. 58.

5. A questão é mesmo controvertida. Não posso deixar de lembrar a observação de Manuel Bandeira, já citada. O poeta sente "a mesma adequação da música às palavras em duas ou três realizações musicais de um só texto", como é o caso de *Azulão*, musicado por Jaime Ovallle, Camargo Guarnieri e Radamés Gnatalli. Cf. Bandeira, "Itinerário de Pasárgada", *op. cit.*, p. 71.

6. Santuza Cambraia Naves, *O Violão Azul. Modernismo e Música Popular*, Rio de Janeiro, Editora Fundação Getúlio Vargas, 1998, pp. 105, 154 e 218.

161

suas inflexões rítmicas, timbrísticas e entoativas, concluindo caber ao cancionista descobrir esses pontos e jogar com eles[7].

Outro tipo de relação entre melodia e letra é levantado por Lawrence Kramer e Paul Alpers: a música pode contestar o texto, estabelecendo um conflito com ele[8]. Ocorre-me o exemplo da *Ópera dos Três Vinténs*, em que o texto de Bertolt Brecht e a música de Kurt Weill parecem muitas vezes apontar em direções opostas, gerando um efeito desorientador, provavelmente intencional, adequado ao teatro épico idealizado pelo dramaturgo alemão[9]. Nicolas Ruwet também reconhece a possibilidade de uma relação dialética entre o elemento verbal e o musical, encontrando-a, por exemplo, em *Dichterliebe* de Schumann[10]. Justapostos, melodia e letra geram um todo complexo, cujo sentido é diferente de cada uma das partes. Ruwet acrescenta que, em canções diferentes, a relação entre melodia e letra pode variar, oscilando entre a convergência e a contradição e incluindo todo tipo de deslocamentos, compatibilidades e complementaridades.

Finalmente, vista sob outro ângulo, a relação entre elementos verbais e musicais lembra a Ruwet a reflexão de Lévi-Strauss e Lacan: em contraste com a natureza, a cultura introduz uma fenda na plenitude do ser. É essa fenda que a arte, e, na música, a complementaridade de melodia e letra, dá a ilusão de preencher. Ruwet conclui que

concretamente, isso se traduz no fato de que o homem só tem acesso ao real pela mediação de sistemas significantes (a linguagem, o mito, os ritos, os sistemas de parentesco, os sistemas econômicos, a arte, enfim), cada um dos quais, em razão de sua estrutura e condições de funcionamento, impõe sua marca sobre o real sem a ele se reduzir, e permanece, no limite, irredutível aos outros sistemas significantes, não obstante as relações de equivalência e

7. José Miguel Wisnik, *O Som e o Sentido. Uma Outra História das Músicas*, São Paulo, Companhia das Letras, 1989, p. 200.

8. John Alpers, "Lyrical Modes", *Music and Text: Critical Inquiries*. Steven Paul Scher (ed.), Cambridge University Press, 1992, p. 67.

9. Cf. Kim H. Kowalke, "Brecht and Music: Theory and Practice", *The Cambridge Companion to Brecht*, Peter Thomson e Glendyr Sacks (eds.), Cambridge University Press, 1994, pp. 218-234.

10. Nicolas Ruwet, "Fonction de la parole dans la musique vocale", *Langage, musique, poésie*, Paris, Éditions du Seuil, 1972, pp. 41-69 e 55.

de transformação que se possam estabelecer entre suas respectivas estruturas. [...] Ora, no conjunto desses sistemas significantes, alguns (notadamente a religião e a arte) têm como principal função exatamente tentar preencher, ou mascarar, o hiato em questão. [...] Poder-se-ia indagar se a música vocal não representa um caso privilegiado no interior dessa categoria, na medida em que unifica, numa categoria única, dois sistemas muito diferentes [...] cada um dando a ilusão de que irá preencher o hiato deixado pelo outro[11].

A canção mencionada em texto literário não se enquadra propriamente em nenhum dos tipos de relação discutidos até agora, já que a literatura é incapaz de reproduzir os aspectos acústicos específicos da melodia. Excluídos os efeitos associativos dependentes do conhecimento, por parte do leitor, de criações musicais mencionadas no texto, só a letra pode fazer-se presente nele. As palavras "engolem" o elemento musical, assumindo a posição inversa à que lhes atribui Susanne Langer na canção real, na qual, segundo a filósofa, o verbal é assimilado pelo musical. Entretanto, quando o texto literário alude a um gênero específico de canção, o conhecimento da função habitual desse gênero pode contribuir para revelar potenciais conflitos entre ele e a letra – uma espécie de violência que, em função do conto estudado abaixo, comparo a um "estupro" do elemento musical pelo verbal.

"Visiting", conto de Roger McTair, escritor caribenho nascido em Trinidad e radicado no Canadá, exemplifica esse tipo de texto, construído em torno de uma canção, *Sweet Cane Juice*, cuja letra contraria frontalmente as expectativas geradas pelo gênero da composição[12]. A informação de que a canção se enquadra no gênero calipso faz esperar algo semelhante às baladas políticas de Joan Baez ou Bob Dylan, já que o calipso, originalmente, serve ao protesto de grupos oprimidos. Historicamente, opondo-se à música tradicional – "embaladora, consoladora, conciliadora", "sustentáculo da desigualdade social", que fomenta a manipulação dos explorados por meio da representação ideológica de uma socieda-

11. Nicolas Ruwet, *op. cit.*, pp. 67-68.
12. Roger McTair, "Visiting", in Mervyn Morris (ed.), *The Faber Book of Contemporany Caribbean Short Stories*. London, Faber and Faber, 1990, pp. 153-164.

163

de supostamente sem conflitos[13] – o calipso nasce para dar voz aos excluídos. A letra de *Sweet Cane Juice* desmente essa função, expressando a aquiescência do caribenho ao papel de objeto de turismo sexual para os visitantes norte-americanos. A inversão metaforiza a condição da América Latina, periférica, diante da hegemônica América anglo-saxônica. A violência contra o gênero musical antecipa a descrição das relações de dominação expostas no desenrolar da narrativa.

O conto narra o encontro de dois turistas no bar de um hotel de Barbados, colônia inglesa até 1966: a canadense Margaret Robinson e Eric Solomon, originário de Trinidad, que atende pelo sugestivo apelido de Sol. Entre o nome e o apelido sente-se uma tensão emblemática que atua como presságio dramático dos conflitos revelados pela narrativa. O nome tem reverberações grandiosas, evocando o grande rei Salomão, e, em contraste com a loura Margaret, os povos escuros do oriente. O apelido Sol tem efeito contrário, lembrando as regiões que, no imaginário do chamado Primeiro Mundo, se associam simultaneamente às praias ensolaradas das Antilhas, à condição racial e à inferioridade político-econômica de seus habitantes. Essa é sem dúvida a ligação estabelecida por Margaret quando se dirige a Solomon. Ignorando que, tanto quanto ela própria, Sol, apesar de negro e originário da região, é hóspede do hotel, Margaret toma-o por um jovem nativo disposto a mercadejar serviços sexuais. A sutileza do diálogo e a aparente cortesia com que Margaret, tendo verificado seu equívoco, persiste na tentativa de iniciar um relacionamento com Sol, mal disfarçam a objetificação sexual do negro pela mulher branca. O episódio recorda o tema clássico da conquista sexual como símbolo de poder sobre a terra. É o que, associada à história narrada, sugere a letra de *Sweet Cane Juice* (*Doce Caldo de Cana*), sucesso musical da temporada cantado no bar. Conforme deduz o leitor, não se trata do calipso tradicional, mas de uma canção orquestrada, do tipo genericamente denominado calipso, música "pan-latina", internacionalizada pelos meios de comunicação. A narrativa é pontuada por detalhes reveladores de uma atmosfera ainda muito

---

13. Cf. José Miguel Wisnik, *op. cit.*, pp. 30 e 211.

próxima da situação colonial: a exótica ambientação tropical, a arrogância dos turistas norte-americanos para com os habitantes da ilha, os significativos incidentes entre os freqüentadores estrangeiros e os caribenhos. Sobretudo, em contraste com a servil deferência diante dos estrangeiros, a atitude ameaçadora da polícia local para com os compatriotas evidencia a sobrevivência de um antigo pressuposto da repressão colonial: ao menor pretexto, o nativo reverterá à bárbarie que, para justificar a conquista, lhe foi imputada pelo discurso do colonizador. Subalterno em sua própria terra, o caribenho supostamente ameaça os turistas, seus novos senhores, representantes do neocolonialismo norte-americano. Enfim, tudo contribui para sinalizar a continuidade de uma rede de dominação que, no conto de McTair, subjaz à exploração erótica e econômica das Antilhas pelo turista branco.

A canção, atribuída a uma *persona* local, não deixa dúvidas a respeito. Uma imagem central, a cana-de-açúcar, produto importante para a economia regional, resume a fusão do econômico e do erótico inerente ao turismo sexual:

> Ela diz que não gosta de bambu
> mas bem que gosta da minha cana
> O caldo é doce mesmo
> Sobe até o miolo dela
> A cana amolecendo
> o caldo entornando
> caldo de cana doce escorrendo
> pelos beiços dela
> A gente pula num táxi
> Ela entra no avião
> Diz que volta ano que vem
> Pra chupar mais cana[14].

14. "She say she don't like bamboo
but she don't mind me cane
She say cane juice real sweet
It does reach to she brain.
The cane getting soft
the juice pulping out
sweet cane juice dripping
all over she mouth.

A forma de calipso, mencionada pelo texto, remete ao gênero de balada popular caribenha, originária de Trinidad. Remonta aos fins do século XVIII, quando, nas plantações, cantores populares conhecidos como *shatwel* improvisavam letras satirizando personagens odiadas pela comunidade. Com o tempo, as canções se misturaram com a *kalinda* (do espanhol *calenda*) e se incorporaram às festividades carnavalescas. Da *kalinda* derivam os acompanhamentos musicais, incluindo instrumentos de percussão como o pandeiro e o maracá, que marcam o ritmo, com dois acentos fortes em cada compasso. Confirmando suas origens, a letra do calipso tradicional reflete atitudes populares sobre problemas sociais, políticos e econômicos, enquanto a parte musical geralmente consiste em variações de cerca de cinqüenta melodias tradicionais. Quando dançado, o calipso assemelha-se à rumba executada por orquestra convencional. A língua utilizada no calipso de Trinidad tradicionalmente inclui uma peculiar mistura de palavras francesas, inglesas e africanas, testemunhando a diversidade racial e cultural da região[15].

Entretanto, a letra de *Sweet Cane Juice* usa apenas uma variedade sub-*standard* do inglês, visando aos ouvintes norte-americanos. Essa peculiaridade, refletindo o imperialismo lingüístico do inglês no mundo contemporâneo, aponta para outras violações de características essenciais do calipso, especialmente a letra: longe de veicular, como seria de se esperar, uma crítica social e anti-imperialista, atribui ao caribenho a aceitação de sua transformação emblemática em cana-de-açúcar. Tal como a *Saccharum oficinarum*, originária da Ásia e explorada nas Américas em plantações trabalhadas por escravos trazidos da África, a *persona* caribenha deixa-se metaforicamente reduzir ao produto cobiçado.

O leitor brasileiro não resiste à tentação de um paralelo com a reificação do trabalhador nos engenhos de açúcar, o

We jump in a taxi
She get on a plane
She say next year she coming
For Cane again and again".
15. Cf. Willi Apel, *op. cit.*, pp. 121-122.

"ouro branco" da Bahia no período colonial. Esse é o tema destacado por Alfredo Bosi em *Cultura e Opulência do Brasil*, obra de André João Antonil, pseudônimo anagramático do jesuíta João Antônio Andreoni, secretário do Padre Vieira. A análise estilística feita por Bosi realça, no texto de Antonil, a reificação do escravo/trabalhador brasileiro no início do século XVIII: o texto representa o homem, antes de tudo, como objeto útil à *mercancia*. O discurso colonizador, mutilando-os metaforicamente, não menciona os escravos, sequer lhes dá esse nome, chama-os simplesmente *as mãos e os pés do senhor do engenho*. A figura redutora é confirmada pela sintaxe, que inverte a relação entre sujeito e objeto. Omite o sujeito da ativa, o agente real, o escravo que roça, queima, limpa, deita, cobre. Antonil escreve: "Que a cana não se abafe. Que se plantem os olhos da cana em pé". O "objeto exterior ganha foros de sujeito", diz Bosi. Paralelamente, em outros trechos, uma metonímica substituição do trabalhador pela ferramenta de trabalho não permite que se representem homens, mas apenas os instrumentos usados por eles na faina do eito. Bosi cita: "Quando se corta a cana, se metem até dez ou doze foices no canavial". E conclui: "No sofrimento de suas transformações", "de natureza trabalhada a mercadoria vendida", a cana substitui o verdadeiro sujeito sofredor, o trabalhador submetido ao "exercício brutal de crueldade a que o capitalismo arcaico sujeita a natureza e o homem"[16].

A canção citada na narrativa de McTair usa recursos estilísticos semelhantes. Partindo da mesma imagem inicial, a conversão do material humano em cana-de-açúcar, dá um salto temporal, do contexto colonial para o pós-colonial, quando o neo-imperialismo econômico e cultural ressuscita a reificação do negro latino-americano. À semelhança do trabalhador no texto de Antonil, o caribenho é tratado como a cana, fonte de açúcar e de álcool, doçura e embriaguês a serviço do opressor. Também sujeito a uma mutilação metafórica, o moderno nativo das Antilhas vê-se reduzido, não a mãos e pés

---

16. Cf. Alfredo Bosi, "Antonil ou as Lágrimas da Mercadoria", *Dialética da Colonização*, São Paulo, Companhia das Letras, 1992, pp. 149-175.

como no texto de Antonil, mas a algo equivalente: um pênis subserviente aos desejos dos turistas, descendentes de seus antigos senhores. É o que evidenciam não só as imagens do caldo e da vara de cana em *Sweet Cane Juice*, mas também os nomes de outras canções mencionadas: *Big Bamboo, Dick the Handyman, Benwood Dick*, os dois últimos incluindo *dick*, sinônimo chulo de *pênis* em inglês. Partindo-se da primeira canção, identifica-se o núcleo de sentido sexual comum a todas: o objeto penetrante, o líquido expelido, a rápida partida da turista, e a volta anunciada, para nova rodada de exploração sexual. A imagem reducionista lembra também o mito do super-pênis vinculado à lenda do estuprador negro. Sempre disponível para justificar a repressão dos afro-americanos, essa construção ideológica mostrou-se extremamente útil à política segregacionista após a extinção da escravidão no sul dos Estados Unidos[17].

A ênfase na exploração do órgão masculino sinaliza outro fato curioso no conto de McTair: a entidade opressora não é representada por um homem, como o senhor do engenho, mas por uma mulher do hemisfério norte. Intrigante substituição que representa a dominação pós-colonial pela imagem de uma mulher, ainda hoje associada às chamadas minorias, afastadas dos centros do poder. Ironicamente, o gênero dito "inferior" coincide com o grupo social considerado "superior". Em outra direção, o turismo sexual ressuscita uma imagem tão antiga quanto a própria colonização: a equivalência entre a conquista imperial e a sexual, ou, como quer Mary Layoun, "a equiparação simbólica entre a pátria violada e a mulher violada"[18]. O conto "Visiting" introduz uma nova versão da equivalência entre violência sexual e violência da conquista. A novidade reside no fato de que, no texto, o elemento opres-

---

17. Cf. Jenny Sharpe, "The Unspeakable Limits of Rape", *Colonial Discourse and Post-Colonial Theory*, Patrick Williams e Laura Chrisman (eds.), New York, Columbia University Press, 1994, p. 226.

18. Mary Layoun, "The Female Body and 'Transnational' Reproduction; or Rape, by any other name", *Scattered Hegemonies. Postmodernity and Transnational Feminist Practices*, Inderpal Grewal e Caren Kaplan (orgs.), Minneapolis, University of Minnesota Press, 1994, p. 65.

sor reside na mulher, enquanto o homem encarna o objeto cuja sujeição espelha a da nação.

Feminiza-se, assim, a representação do homem coloniza-do, que é equiparado a lendárias figuras femininas da história antiga, como as Sabinas, associadas à fundação de Roma, e Lucrécia, ao início do regime consular da República romana. Na literatura renascentista, pode-se citar a elegia de John Donne, *To his Mistress, on Going to Bed*, que compara a amante desejada às minas exploradas na América. No século XX, o poema de Yeats, *Leda and the Swan* faz remontar o esplendor e a queda de Tróia ao estupro de Leda por Júpiter. A analogia entre os dois tipos de violência, a sexual e a colonial, prolonga-se no romance de Henry Rider Haggard, *King Solomon's Mines*, e no filme correspondente: os tesouros africanos cobiçados por aventureiros ingleses ocultam-se num terreno que lembra a forma dos seios da rainha de Sabá, adormecida em seu leito de ouro. A sexualização do mito da conquista transpõe-se para o reino animal – uma largatixa no cio – no poema de Elizabeth Bishop, *Brazil, January 1, 1502*, que recria a chegada do conquistador ao Brasil. Na literatura latino-americana, o musicólogo/narrador do romance *Los Pasos Perdidos* de Alejo Carpentier identifica-se momentaneamente com os invasores espanhóis, "com mulher tomada à força no saque de uma aldeia índia" (pp. 157-158).

Na história da conquista das Américas o tema da violação é tão freqüente que Edmund O'Gorman refere-se a "um estupro metafísico"("a metaphysical rape"), embora, inexplicavelmente, pareça descartar a idéia de violência, rememorando as palavras emocionadas de Samuel Eliot Morison: "nunca mais poderá mortal algum recapturar o assombro, o encantamento, o deleite daqueles dias de outubro de 1492, quando o Novo Mundo graciosamente entregou sua virgindade aos conquistadores castelhanos"[19]. Augusto Tamayo Vargas volta a equiparar a conquista da terra à violação da mulher, citando o "complexo de Malinche", expressão de Otávio Paz que, lem-

---

19. Edmund O'Gorman, *The Invention of America. An Inquiry into the Historical Nature of the New World and the Meaning of its History*, Bloomington, Indiana University Press, 1961, p. 44.

brando o nome da amante e tradutora índia de Cortez, designa um primordial complexo de culpa atribuído aos mexicanos, por terem nascido de inúmeros estupros e da humilhação da conquista[20].

Na literatura brasileira, a Iracema de Alencar distancia-se do papel passivo da autóctone violada, toma a iniciativa ao seduzir Martim, o europeu. Contudo, tendo dado à luz o primeiro brasileiro, resta-lhe apenas estiolar-se e morrer, confirmando a ligação entre o nascimento das nações e o sacrifício da mulher. Chateaubriand, na literatura francesa, cria mais uma variante: a índia Atala, cuja resistência ao amante europeu – personificação da cultura e da violência estrangeiras – também a conduz à morte.

Cresce o interesse das variações quando invertem as posições de colonizado e colonizador. Em *The Tempest* (I, ii, 348), Shakespeare oferece o exemplo de Caliban, arquetípico porta-voz do nativo espoliado. Acusado de tentar violentar Miranda, o escravo não nega o fato, justificando-o com um argumento reminescente de episódios da Bósnia moderna: se tivesse conseguido consumar o estupro, poderia ter gerado calibanzinhos, que com ele lutariam pela reconquista da ilha. A atribuição da tentativa de estupro ao colonizado ocorre também em *Passage to India*, de E. M. Forster. Aziz, nacionalista indiano anterior à independência, é acusado do estupro da inglesa Adela, como se, Caliban moderno, houvesse tentado subverter a relação entre colonizador e colonizado, estuprando a filha do invasor.

Outra inversão ocorre quando a violação sexual como emblema da conquista substitui a imagem feminina pela masculina, sugerindo a feminização do homem derrotado pela violência colonizadora, comparável à do estupro. Na análise de Brenda R. Silver, quando o colonizado pertence a outro grupo racial – caso do indiano de Forster – a raça é equiparada ao gênero; em virtude de sua subordinação, o homem,

---

20. Cf. Augusto Tamayo Vargas, *Interpretações da América Latina. América Latina em sua Literatura*, César Fernandes Moreno (org.), São Paulo, Perspectiva, 1972, pp. 455-477.

170

feminizado, torna-se "estuprável". O estupro integra, assim, um discurso de poder que reifica homens e mulheres, indiferentemente[21]. A análise de Silver lembra a de Cora Kaplan, que se refere à "cadeia de relações coloniais que 'feminiza', 'enegrece' e 'empobrece' culturas inteiras – cada uma dessas construções pejorativas implicando e evocando as demais"[22]. A condição de "estuprável" atinge o homem ou mulher *colonizados*, ou, no máximo, a *mulher* do colonizador. No caso desta, o horror à violação foi invocado a respeito da rebelião indiana de 1857, a primeira contra o domínio inglês, após um século de dominação. Para justificar a brutal repressão britânica, os jornais ingleses publicaram notícias sobre a suposta mutilação e estupro de inglesas pelos revoltosos. Significativamente, as publicações *nunca* se referiram a mutilações de soldados ingleses, evidenciando, assim, a violenta sexualização do discurso colonial que, mesmo se não lhe poupa a mulher, preserva a imagem do homem colonizador. A ideologia colonial e a patriarcal reforçam-se mutuamente, quando, independente de seu sexo, projetam no imaginário imperial um colonizado objetificado e feminizado.

Muito mais que o indiano Aziz de *Passage to India*, é feminizado o caribenho na canção *Sweet Cane Juice*. A Aziz cabe pelo menos a iniciativa sexual, tradicionalmente considerada privilégio masculino. O indiano só pode ser visto como "feminizado" e "estuprável" em razão de sua condição de colonizado. Pelo contrário, o caribenho construído pela canção *Sweet Cane Juice*, com o qual Margaret momentaneamente identifica Sol, é visto pela canadense como objeto sexual passivo, sujeito ao assédio das turistas norte-americanas, às quais o conto atribui a iniciativa. Confirmando a análise de

21. Cf. Brenda R. Silver, "Periphrasis, Power and Rape", *A Passage to India. Rape and Representation*, Lynn Higgins e Brenda R. Silver (eds.), New York, Columbia University Press, 1991. Para a discussão a respeito do conceito de feminização do colonizado, questionado por Sharpe, ver Jenny Sharpe, *op. cit.*, pp. 221-243.

22. Cora Kaplan, "Pandora's Box: Subjectivity, Class and Sexuality in Socialist Feminist Criticism", *Making a Difference: Feminist Literary Criticism*. Gayle Greene e Coppélia Kaplan (eds.), London/New York, Methuen, 1985, pp. 146-176 e 167.

Silver, que equipara raça a gênero, a loura canadense que, na sociedade patriarcal, pertence ao gênero inferior, torna-se superior em virtude de sua raça e de pertencer ao grupo neocolonizador. Posto de outra forma: a raça dita inferior, subjugada, é *ipso facto* feminizada, integrando o complexo jogo de contradições na dominação cultural e econômica do mundo póscolonial. Mesmo após a independência política, os negros e mestiços do Caribe, descendentes de escravos trazidos da África pelos colonizadores europeus, reduzem-se emblematicamente à função de órgão sexual, mercadejado pelos herdeiros de seus opressores. A categoria do estupro, da violência sexual, literal ou simbólica, prolonga-se nas relações neocoloniais.

Como já se viu, no conto de McTair a violação neocolonizadora coincide com a violência contra o gênero musical: a letra do calipso, tradicional veículo de protesto anticolonial, é atribuída a uma voz nativa, que celebra sua própria degradação. É a partir de dados culturais, relativos à função original do calipso, tão diversa da que lhe atribui o texto, que este pode ser lido. Sem essa referência, corre-se o risco de análises equivocadas, como as de alguns musicólogos ocidentais em antigas colônias européias. Para não perpetuar esses erros, John Blacking ressalta a necessidade de se adotar uma abordagem antropológica, ou etnomusical, isto é, uma análise que leve em consideração não só as percepções do pesquisador e os aspectos técnicos da composição, mas também a percepção do compositor e de seu grupo social. Afinal, o artefato musical não pode ser construído no vazio, independente das atitudes e sentimentos humanos[23]. A função social e o sentido que a comunidade lhe atribui são parte importante do texto musical, a qual o analista deve considerar[24]. É isso precisa-

---

23. Não só a letra, mas também a melodia, pode violentar a cultura nativa. Segundo Edward Said, a análise de *Aida* revela uma concepção imperial de autonomia artística assumida pelo compositor europeu, manifestada por Verdi durante a criação da ópera. Ela reflete a noção imperial de um mundo não-europeu subordinado ao europeu. Edward W. Said, "The Empire at Work: Verdi's Ainda", *Culture and Imperialism, op. cit.*, pp. 111-132.

24. John Blacking, "The Problem of 'Ethnic' Perceptions in the Semiotics of Music", *The Sign in Music and Literature, op. cit.*, pp. 184-194.

mente que a *persona* implícita na canção *Sweet Cane Juice* deixa de fazer, violentando a percepção de toda a comunidade caribenha, em que se originou o gênero musical violado. Só o etnocentrismo pós-colonial permite conservar o código musical do calipso, desconsiderando ao mesmo tempo sua significância para a comunidade local, de tal modo que uma canção, originalmente de protesto contra o invasor, passa a celebrar a submissão do vencido. Visto de outra perspectiva, o "estupro" musical tematizado pelo conto pode ser tomado como uma estratégia emblemática, utilizada pelo narrador implícito para denunciar o turismo sexual propiciado pelo neo-imperialismo. A análise de metáforas musicais como essa representa, segundo creio, uma importante contribuição da melopoética cultural para desmistificar velhas configurações ideológicas teimosamente imbricadas na criação estética.

2. METÁFORA MUSICAL E IDENTIDADE NACIONAL: ANTONIO CALLADO, WOLE SOYINKA, HAZEL CAMPBELL

Em requebros e encantos de impureza
Todo o feitiço do pecado humano.

OLAVO BILAC, *Música Brasileira*

É lugar comum da história musical, tanto quanto da história literária, a criação de um estilo novo a partir de uma relação intertextual com uma forma artística anterior. Quando ocorre em culturas marcadas pela experiência da colonização, a relação, freqüentemente paródica, destaca muitas vezes a diferença entre o modelo e a criação resultante de sua deformação. Na música, a constituição do novo pela subversão do tradicional chega mesmo a antecipar formas ainda por surgir nos velhos centros hegemônicos.

Nas literaturas pós-coloniais, salta aos olhos a deformação criativa de línguas ou formas poéticas legadas pela antiga metrópole. Nas ex-colônias britânicas notam-se as múltiplas variações do inglês, agrupadas sob a denominação abrangente de "english", palavra em que a letra minúscula indica a diversificação da língua imperial, "English", pelas diversas literaturas pós-coloniais. No Brasil, descontadas as inevitáveis divergências, impõe-se o paralelo com a fala brasileira, cuja independência do padrão lusitano foi oficialmente proclamada pelos modernistas. Há que lembrar ainda a apropriação dos clássicos ocidentais pela literatura de nações surgidas em sociedades outrora colonizadas, como no poema *Omeros* de Derek Wilcott. O autor caribenho transforma os heróis da *Ilíada* em pescadores da ilha de Santa Lúcia, par a par com a transcriação do épico helênico em modernos versos livres, cuja lógica interna pouco ou nada se assemelha à da poética clássica. Desse modo, a reação a formas canônicas herdadas dos colonizadores serve a um duplo propósito, a renovação formal e a construção de uma identidade nacional – preocupação constante de literaturas que, de formas variáveis, em tempos mais recentes ou mais remotos, começam pela reescrita de modelos impostos pela colonização.

Na música encontram-se exemplos de recriações semelhantes. Composições pós-coloniais, frutos da reinterpretação local de velhas formas européias, transformam-se não raro em símbolos nacionais. No vaivém das relações entre artes e entre nações, algumas dessas criações transculturais metaforizam o confronto entre culturas imperiais e padrões culturais mais recentes. A título de ilustração, podemos começar pelos Estados Unidos. Sua atuação como potência neocolonizadora quase faz esquecer a condição original de colônia britânica que, apesar de circunstâncias históricas particularíssimas, foi inicialmente marcada, como as demais, pela angústia da dependência cultural. Em 1891 o compositor norte-americano Charles Edward Ives lança *Variations on "America"*. Primeira composição politonal conhecida, a peça antecipa padrões musicais só mais tarde utilizados na Europa. Claramente paródica e transcultural, edificada sobre elementos musicais tomados de empréstimo ao hino nacional inglês, *Variations* transita de um lado para o outro do Atlântico, traduzindo a composição inglesa para um novo idioma musical. Como diriam os antigos músicos brasileiros pitorescamente chamados chorões, o pioneiro compositor norte-americano "suja" *God Save the King*, isto é, deforma-o artisticamente, com o objetivo de criar uma obra em que o jogo intertextual enfatiza tanto a dívida cultural quanto a necessidade de superá-la.

O termo "sujar", à primeira vista pejorativo, reflete bem a forma ambivalente como são a princípio consideradas as criações que deformam um modelo fornecido pela cultura dominante, de modo a afirmar um novo modo de ser cultural[1]. Não sem razão, Ives tornou-se o monstro sagrado da independência musical norte-americana. Suas criações, intimamente ligadas à região de New England, utilizam a técnica de colagem, semelhante à usada pela pintura e pela literatura, incorporando citações de canções e danças rurais, hinos religiosos e música clássica. O norte-americano não nega sua admiração pelos monumentos musicais da tradição européia: incorpora ecos de Brahms, Beethoven, Bach e Wagner. Em contrapartida, antecipa a prática dos grandes centros, introduzindo inovações como atonalidade, ritmo múltiplo, feixes tonais inusitados, harmonias politonais, construções polimétricas e microintervalos que só mais tarde ocorreriam na música européia. Assim, o irreverente compositor inaugura nada menos que uma expressão musical da identidade norte-americana. Em *Concord*, monumental sonata para piano, repete a façanha, cumprindo o desejo de Thoreau: faz, realmente, "ouvir uma flauta sobre Walden". Como observa Leonard Bernstein, Ives torna-se simultaneamente o Mark Twain, o Emerson, o Thoreau e o Hawthorne da música norte-americana.

No Brasil os criadores do choro, forma musical de difícil definição, cumprem um papel surpreendentemente afim ao de Ives. Não apenas deformam criativamente modelos europeus – e, desse modo, inauguram uma expressão da identidade nacional – como, ao fazê-lo, atingem efeitos composicionais

---

1. Um exemplo radical é a canção *Nkosy Sikelel Afrika* (*Deus Abençôe a África*), cuja história resume parte da luta anticolonial africana. Composta em 1897 por Enoch Sontonga nos moldes de um hino protestante, cantada na sagração do primeiro pastor metodista africano, foi adotada pelo Congresso Nacional Africano a partir de 1912. Conseqüentemente, tornou-se o hino dos que lutavam pela liberação da África do Sul, esperando que se tornasse oficialmente seu hino nacional.

desconhecidos pelos velhos mestres. Nesse sentido, argumenta Gilberto Mendes, o choro, como criação instrumental urbana, é a contribuição brasileira mais verdadeiramente original para o repertório internacional. Contrasta com a utilização de nossa música folclórica, de origem rural, que, em detrimento das formas populares urbanas, foi a preferida por alguns modernistas como emblema do nacional. Na verdade a apropriação da música folclórica pela música erudita de corrente nacionalista, tendo ocorrido também na Europa do século XIX, não caracteriza uma contribuição tipicamente brasileira. Nossa música genuinamente nacional, entendida como criação de formas novas, diferentes da música européia, não se encontra em composições marcadas pelas constantes melódicas e rítmicas do folclore brasileiro, as quais têm origem européia e equivalem às produzidas pelo nacionalismo musical europeu do século XIX. Resultantes, na avaliação de Gilberto Mendes, do "simples aproveitamento do temário folclórico desenvolvido dentro de esquemas formais clássico-românticos", as peças nacionalistas representariam um "retrocesso às estruturas significantes do século passado, das correntes nacionalistas européias". A música "brasileira", no sentido de criação original do país na época do modernismo, não seria, portanto, a folclórica, mas aquela que resultasse de novas justaposições de acontecimentos sonoros, prenúncios da colagem musical de nossos dias[2]. O choro integra, certamente, essas formas

2. O movimento nacionalista do pós-guerra, época de reafirmação de identidades nacionais, valoriza o popular, identificando-o com o folclórico, em que crê encontrar a autenticidade nacional. Rejeitam-se os sons populares transformados pelas tecnologias emergentes, o rádio, o microfone e as novas técnicas de gravação. Esses representariam a música "popularesca", atribuída sobretudo a Catulo da Paixão Cearense e a Juvenal Galeno. Foi denunciada por Mário de Andrade como "submúsica, carne para alimento de rádios e discos". Villa-Lobos, o músico da Semana de 22, embora, em certos aspectos criticado pelos modernistas, rejeita a essa época os sons transformados pelas tecnologias emergentes: "Esse tipo de música, voltada para o divertimento e não para a comoção, não captaria a alma popular, nem tão pouco o elemento nacional, na medida em que sua expressão viria de nosso lado europeu". Entretanto, na série de *Choros*, Villa-Lobos, que freqüentara os ambientes dos chorões, evidencia uma mudança de postura: diverge dos modernistas, incorporando elementos associados à música popular urbana

novas. José Miguel Wisnik acrescenta que o aparecimento dessa forma urbana inicialmente popular, e sua ocasional incorporação à música erudita, consolidam no território musical "um desses momentos vitais de interpenetração de linguagens (o erudito e o popular, o sacro e o profano), sem a qual os saltos qualitativos não podem ser dados"[3].

Difícil de definir, o choro é geralmente mais um modo de tocar que um gênero musical. Um jeito, um jeitinho, brejeiro, buliçoso, provocante. O nome, como sua variante carinhosa, "chorinho", remete à forma lamentosa de execução, que não exclui uma aliciante extroversão. Com graça despretenciosa, seduz o ouvinte menos sofisticado e desarma o iniciado mais exigente. Um exemplo ficcional dessa sedução aparece no romance de Antonio Callado, *Reflexos do Baile*, quando Carvalhaes, o embaixador de Portugal, a caminho de uma visita protocolar a uma escola pública, ouve por acaso uma seqüência sonora intrigante, transcriada pelo texto como música verbal:

notas musicais puseram-se a estalar e crepitar como gomos de bambu deitados às chamas. Uma toada amorosa, cheia de requebros, mas enquadrada em composição sonora de tão alarmante rigor que perguntei ao meu descompassado coração se afinal cá existem dementes a tentar tudo começar de novo. Franziu o cenho o diretor da escola diante dos perigosos, dissolventes anjos que a música soltava entre as crianças de uniforme[4].

O ouvido educado de Carvalhaes capta imediatamente a originalidade, a sofisticação formal – inesperada em criação

ao lado de procedimentos experimentais provenientes da música erudita européia. Naves, *op. cit.*, pp. 30, 60, 61 e 174. A respeito do conceito de música brasileira, no sentido de contribuição nacional para a música universal, cf. Gilberto Mendes, "A Música", *O Modernismo*, Afonso Ávila (org.), São Paulo, Perspectiva, 1975, pp. 126-138. Segundo Mendes, os elementos inovadores encontram-se, por exemplo, na antecipação, por parte de Villa-Lobos, da "música montada em blocos, em momentos de som, como viria a ser [...] um Stockhausen". Como os inovadores Debussy e Ives, o brasileiro prenunciou a música da segunda metade do século XX, "à base de ruído, de som eletroacústico, microtonal, não discursiva, feita de momentos" (pp. 132-133).

3. José Miguel Wisnik, *op. cit.*, p. 112.

4. Antonio Callado, *Reflexos do Baile*, Rio de Janeiro, Paz e Terra, 1977, pp. 18-19.

popular – da toada, que o leitor logo descobre ser um choro. A irreverência com modelos europeus, explicando a razão pela qual é considerado "perigoso" e "dissolvente" pelo tradicional mestre-escola, faz do choro a metáfora musical do romance. A ênfase em seu aspecto composicional revolucionário harmoniza-se com a inspiração política subjacente à narrativa que, de certa forma, prenuncia: o histórico seqüestro dos embaixadores, integrante da tentativa de desestabilizar a ditadura militar instaurada no Brasil pelo golpe de 1964.

A evolução histórica do choro, sua relação com o novo, o revolucionário, o popular, explica a propriedade da metáfora. O nascimento do choro coincide com o fim da era dos barbeiros, músicos autodidatas surgidos no Rio de Janeiro e na Bahia em meados do século XVIII. Nas horas vagas, aproveitavam a habilidade manual adquirida no exercício da profissão para complementar sua féria modesta: executavam músicas alegres à entrada das igrejas ou durante a celebração de festas. Constituía-se assim a primeira experiência de música instrumental brasileira como espécie nova de serviço urbano, o entretenimento público. O variado repertório dos barbeiros incluía fados, chulas, lundus – primeiro gênero de dança e canção urbanizada inspirado em batuques rurais – e também cançonetas, valsas e contradanças francesas. Digno de nota é o fato de que as composições importadas eram abrasileiradas pela forma especial de execução, que chamou a atenção de Debret. Os barbeiros contribuíam assim para consolidar uma execução irreverente, próxima dos padrões de cultura popular já nacionalizados, em contraste com a tradição européia iniciada na Idade Média, que fora adotada pela elite nacional. José Ramos Tinhorão informa que a contribuição original desses músicos residia na "dolência penetrada de sensualidade que viria a caracterizar as futuras bandas de adro de igreja e de coreto no Brasil"[5]. Animando a Festa da Glória, prestigiada pela família real desde a chegada do príncipe regente D. João, os barbeiros tocavam junto aos casarões de figurões do Império, nas redon-

---

5. José Ramos Tinhorão, *História Social da Música Popular Brasileira*, Lisboa, Editorial Caminho S.A., 1990, 123 ff, pp. 131-133.

dezas do outeiro da Glória na zona sul carioca. Sua música atraía também "belas mulatas, lustrosas crioulas, velhos e crianças, homens e mulheres de toda casta", conforme testemunha Melo Moraes Filho, citado por Tinhorão. Propiciava-se assim um encontro da elite com o povo, função tradicionalmente exercida pela música popular até os dias de hoje.

A decadência da música dos barbeiros no final do século XIX coincide com o aparecimento no Rio de Janeiro dos grupos de choro, formados pelas primeiras gerações de operários e pequenos funcionários da moderna era urbano-industrial. Seu estilo lânguido de tocar, possivelmente herdado dos barbeiros, harmonizava-se, segundo Tinhorão, com "a maneira piegas com que as classes médias do Rio de Janeiro do século XIX interpretaram os transbordamentos do romantismo europeu"[6].

O meio social em que inicialmente se cultivava o choro era o da baixa classe média, contemporânea do surto de desenvolvimento proporcionado pela riqueza do café no Vale do Paraíba. Dessa classe saíam os músicos chorões, animando, em casas de família, bailes modestos, depreciativamente apelidados pela sociedade elegante de *forrobodós, maxixes* ou *chinfrins*[7]. Após 1920, o fim da Primeira Guerra Mundial e a visão do novo mundo do capitalismo industrial, proporcionada pela divulgação do cinema, contribuem para encerrar a era dos chorões.

O desaparecimento da função inicial do choro – animar bailes de gente modesta – não impediu a continuidade das composições, nem sua ascensão à condição de gênero musical, ocasionalmente tratado de forma erudita e aceito pelas elites, num processo semelhante ao do sucedido com o samba. Pode-se, já então, pensar no triunfo do choro como início do "coroamento de uma tradição secular de contatos", utiliza-

---

6. A execução do choro cabia a pequenos conjuntos, à base de flauta, violão e cavaquinho, com músicos amadores arrebanhados conforme as disponibilidades do momento. Acrescentava-se às vezes o ofclide, o quarto instrumento mais usado no choro carioca antes do advento do saxofone, já por influência do *jazz*. José Ramos Tinhorão, *op. cit.*, p. 160.

7. Tinhorão, *op. cit.*, p. 153.

da para efeito de uma "invenção da tradição" ou da "fabricação da autenticidade" brasileiras, na linguagem de Eric Hobsbawn e Richard Peterson. Não por acaso, Henrique Cazes, investigando a história do choro, considera-o a matriz mais importante da música brasileira[8].

Podem estender-se ao choro as conclusões de Hermano Vianna sobre o que Antonio Candido denomina a "nacionalização" e "generalização" do samba. Vianna analisa "o mistério do samba", isto é, sua transformação de "ritmo maldito", nascido nos morros cariocas e inicialmente reprimido pela polícia, em símbolo da cultura brasileira, após a conquista do carnaval, do rádio e do gosto das camadas médias e superiores[9]. O antropólogo faz questão de ressaltar que a função de mediação exercida pela música popular entre grupos sociais bastante diversos já existia no Brasil muito antes desse triunfo a partir dos anos de 1930.

Recapitulada a evolução histórica, resta a dificuldade de definição do choro. Mário de Andrade assinala seu "caráter decisivamente anticancioneiro e anticoreográfico"[10], caracterizando o choro como resultante de "conjunto instrumental livre, de função puramente musical, composto de um ou dois

---

8. Henrique Cazes, *Choro. Do Quintal ao Municipal*, São Paulo, Editora 34, 1998.

9. Hermano Vianna, *O Mistério do Samba*, Rio de Janeiro, Jorge Zahar Editor/Editora da UFRJ, 1995. A respeito, Vianna cita textos clássicos de Antonio Candido ("A Revolução de 1930 e a Cultura", *Educação pela Noite & Outros Ensaios*), Jota Efegê (*Figuras e Coisas da Música Popular Brasileira*) e Peter Fry (*Para Inglês Ver*). Cf. também o capítulo "Evolução do Samba e Ascensão Social", em José Ramos Tinhorão, *Música Popular. Um Tema em Debate*, São Paulo, Editora 34, 1997, pp. 62-65.

10. "[...] certos choros são eminentemente desinteressados, sem função utilitária nenhuma, nem as que a música exerce necessariamente no povo, isto é, servir de veículo pra textos de função sexual, econômica, familiar, religiosa etc., ou ser agenciamento rítmico p'ras danças. [...] Também a natureza conceptiva das músicas 'choronas' prova que o choro é um termo que designa agrupamento instrumental puro. Peças há, choronas, em que o movimento já não se coaduna mais com a dança, pelo menos com as danças brasileiras. A rapidez é cada vez maior, se percebendo que a peça é concebida exclusivamente pra execução instrumental (até virtuosística) sem que sirva para mais coisa nenhuma, nem pra se cantar nem pra se dançar." Mário de Andrade, *Dicionário Musical Brasileiro*, *op. cit.*, pp. 136-137.

instrumentos solistas (geralmente flauta e clarinete), exercendo o resto do conjunto (violão e cavaquinho) uma função puramente acompanhante, antipolifônica, de caráter puramente rítmico-harmônico"[11]. Trata-se menos de uma forma musical que de um modo de tocar, originalmente um modo brasileiro de executar música estrangeira: "Vamos chorar aquela valsa", dizia-se nos tempos de Joaquim Calado, um dos compositores pioneiros de choros.

É esse "modo especial", essa maneira de subverter as formas canônicas, que *Reflexos do Baile* toma como emblema do nacional, "sinal cifrado da diversidade brasileira compondo um mito nacional". No romance de Callado, trata-se especialmente do nacional como movimento a favor das massas, contra um grupo acumpliciado com a opressão neocolonial norte-americana, como pode ser considerado o golpe militar de 1964. A primeira alusão ao choro surge logo no início do romance, quando a toada desafiadora parece a Carvalhaes uma reinvenção transatlântica da própria arte musical[12]. A referência atua como um sinal de alerta, para o leitor e para a personagem, o distraído embaixador português, até então incapaz de enxergar o complô que fervilha sob seus olhos alienados. Carvalhaes só se interessa por amenidades sociais e literárias. Quando muito, com cerimônia libidinosa, admira Juliana, filha de seu colega Mascarenhas, embaixador brasileiro aposentado. O português não adivinha, na bela freqüentadora dos círculos diplomáticos, a guerrilheira

---

11. Bandeira, 1989, p. 137. A incorporação de outros instrumentos – pistom, trombone, saxofone, clarineta etc. – à flauta, ao violão e ao cavaquinho, habituais, faz do choro o correspondente brasileiro da orquestra de *jazz* norte-americano. Ver, a respeito, Mozart Araujo, *Rapsódia Brasileira*, Fortaleza, Universidade Estadual do Ceará, 1994, p. 87, *apud* Vianna, *op. cit.*, p. 174.

12. O papel de representação cultural, aqui estudado em relação ao choro brasileiro, estende-se, no plano internacional, à música popular da América Latina como um todo, tornando-a a grande embaixatriz do hemisfério sul, sobretudo após a "política da boa vizinhança" durante a Segunda Guerra, quando a estratégia de Roosevelt estimulou a exportação de rumbas, congas, mambos, chá-chá-chás e calipsos vagamente latino-americanos. Cf. Enio Squeff e José Miguel Wisnik, *Música*, São Paulo, Brasiliense, 1982, p. 164.

ardilosa, enamorada do revolucionário capitão Roberto. Aproveitando a visita de Elizabeth II ao Rio de Janeiro, Juliana ajuda Roberto e seus companheiros a planejar o seqüestro da soberana e de um grupo de embaixadores, a fim de provocar a queda da ditadura militar. Fracassada a conspiração e consumado o brutal assassinato policial de Juliana e dos outros conspiradores, o estupefato embaixador Carvalhaes desperta, finalmente, para a tragédia humana e política que antes não soubera ver. Trata de voltar a Portugal, levando na bagagem gravações do choro, o qual toma como símbolo da nação brasileira e de seus sonhos de reinvenção social. A última parte do romance associa à música sedutora a metamorfose do embaixador, traumatizado por sua experiência no Brasil:

> Era outrora pesado, taurino de estilo. Assustado agora, trêmulo, um esquilo, [Carvalhaes] vive a mirar portas e janelas, como se malfeitores e demônios estivessem a saltar por elas. Só nos abre os olhos e sorri, como se sombra do homem de outrora fosse, ao ouvir ao gramofone a música que do Brasil trouxe, doce [...] como o mel [...] Chamam-se choros, as toadas, doem na gente, soluçam-se ao bandolim. "Quero que as cordas que arriarem meu ataúde ao fundo da terra, este o desejo, o último, que ouvem de mim, sejam as deste travesso alaúde, deste bandolim"[13].

A citação alude a dois traços contrastantes do choro – a dolência melódica e o buliçoso do ritmo. A narrativa prossegue com a morte e o enterro do desditoso Carvalhaes, que não sobrevive ao desaparecimento de Juliana e à brutal descoberta da repressão militar no Brasil. Seu desejo de ser enterrado ao som de um choro enfrenta a resistência do bispo local. A dificuldade é contornada graças à imaginosa explicação inventada por padre Bartolomeu, amigo do falecido. Note-se também, na saborosa linguagem do narrador, a objeção do bispo português aos nomes brasileiros das toadas. O que o eclesiástico rejeita é, na verdade, a linguagem brasileira que, fundindo inovações lexicais e musicais, desafia o paradigma lusitano.

> O Bispo imaginara escrito em latim o hinário do bandolim, e dera, sem embargo da idade, um pulo, ao ver que cada cantar tinha nome em

---

13. Antonio Callado, *Reflexos do Baile*, *op. cit.*, p. 117.

184

português ou brasileiro vulgar, ou chulo: Assanhado, André de Sapato Novo, Bonicrates de Muletas, Vascaíno. Respondeu Bartolomeu, improvisante, que Santo André Apóstolo, ao encontrar o Senhor descalço, no caminho de Emaús, tirou a sandália dos pés e atou-a aos pés de Jesus, que lhe disse: Doravante, não pisarás mais o chão, para sempre terás os pés calçados numa canção. A canção fê-la o povo André de Sapato Novo[14].

Vencida a resistência do bispo, o desejo do morto é satisfeito. Toca-se o choro enquanto o corpo baixa ao túmulo, com um resultado perturbador: os requebros sensuais da toada brasileira transformam em baile o solene ritual do enterro português. O episódio é descrito por uma testemunha escandalizada:

[...] as notas da melodia maldita, que começaram a soar sojigadas, entranhadas nas vísceras do disco como diabos nas dobras e pregas do negro ventre de quem os engendra, voaram em densos rolos pelas janelas da casa, pelas portas da Capela e até pela grimpa assanhada de abetos e choupos. Eram agudos punhais de música, [...] verrumas amarelas. [...] E [...] que fizeram os campônios e as raparigas, os trabalhadores da Quinta, fumo ao braço, os miúdos? Perseguinaram-se por acaso? Arrodilharam-se? Deram-se, isto sim, as mãos primeiro, oscilantes como caniços a alguma doce viração, ensaiaram depois uns passos, uns volteios, e, antes mesmo que pudesse alguém bradar água vai, puseram-se a bailar, a dançar entre os ciprestes e à vista do caixão, a se enlaçarem as cinturas, a sapatear, às umbigadas, mãos nos quadris, possessos, endemoninhados, nas roscas duma dança de São Guido[15].

Em vista disso, pergunta, perplexa, a personagem portuguesa: "quem proverá às almas de nossa própria gente, cuja fé adelgaçou-se de tal forma que estala e se dispersa ao som do bandolim duma ex-colônia?" A essa indagação acrescenta-se o protesto do bispo contra "as imagens sinistras do bailarico avinhado e campestre". Não é difícil imaginar as razões de tanta indignação. Por meio do choro, a ex-colônia inverte simbolicamente o roteiro de Cabral, invade a antiga metrópole, conquista Portugal, vingando-se da passada dependência; sobretudo, demonstra o papel de reação contra a colonização cultural freqüentemente assumido pelas criações transculturais[16]. Da mesma forma, simbolizando a rebelião contra o re-

14. *Idem*, pp. 125-126.
15. *Idem*, pp. 129-130.
16. O fato lembra um fenômeno semelhante: a revolução musical

gime militar, a metáfora musical de *Reflexos do Baile* anuncia também o repúdio aos vínculos neocoloniais que, aceitos pela ditadura brasileira, substituíram a ultrapassada dominação portuguesa. A oposição ao conservadorismo da ex-metrópole harmoniza-se com a metaforização, por meio do choro, do clamor pela renovação social e política que, ao lado da elaboração formal, torna o romance de Callado uma das mais inspiradas denúncias ao golpe de 1964.

Nas literaturas pós-coloniais de expressão inglesa apontam-se metáforas musicais equivalentes, emblemáticas da resistência à cultura européia em geral e à hegemonia cultural e política de uma antiga potência colonial em particular. É esse o papel das alusões à música étnica na obra memorialística de Wole Soyinka, *Isarà, A Voyage around "Essay"*[17]. Escrito na língua dos ex-colonizadores, o texto do escritor nigeriano faz-se marcar por palavras e orações africanas, bem como por versões de poemas e canções que alternam o inglês e o idioma nativo, o ioruba. O dilaceramento entre a cultura européia e os estratos lingüísticos e culturais africanos projeta-se na oposição entre a música européia e a étnica. Akinyode, um professor nativo de *Isarà*, conta, entre seus "minúsculos triunfos", a introdução da música africana no currículo escolar[18]. Numa celebração de Ano Novo, seus alunos desafiam as autoridades e arrancam aplausos cantando, ao lado de uma canção inglesa, uma toada de Kilanko, compositor local.

desencadeada por volta de 1915 em Nova Orleans propagou-se para tão longe que acabou, em menos de duas gerações, revolucionando os pressupostos de uma estética e o comportamento musical das massas em três continentes. Sobre essa "africanização do mundo" pelo *jazz*, cf. Aul Umthor, *Introdução à Poesia Oral*, São Paulo, Hucitec/Educ.

17. Cf. Wole Soyinka, *Aké. The Years of Childhood*, New York, Random House, 1983; *Isarà: A Voyage around "Essay"*, London, Methuen, 1989.

18. A respeito da possibilidade do uso não-pejorativo de expressões como "nativo" e "Terceiro Mundo" – indicando uma postura de resistência em relação à dominação pós-colonial –, ver Trinh T. Minh-há, *Woman, Native, Other. Writing Postcoloniality and Feminism*, Bloomington, Indiana University Press, 1989, especialmente pp. 7-9. No sentido proposto pela autora, as expressões apontam para a diferença econômica e política, no mundo pós-imperial, das antigas colônias, em seu esforço solidário contra todas as formas de dominação neocolonial.

Como imagem ao espelho dos exemplos de *Reflexos do Baile* e *Isara*, a metáfora musical às vezes representa, não a resistência a um poder imperial ou neocolonial, mas a tentativa contrária, pelos antigos centros hegemônicos, de reafirmar seu poder. A literatura brasileira tem o exemplo de *Amar Verbo Intransitivo*. No romance de Mário de Andrade as canções utilizadas pela governanta alemã para instruir o pupilo brasileiro sugerem um imperialismo cultural europeu remanescente. Previsivelmente, os exemplos mais contundentes ocorrem nas literaturas de nações cuja independência política foi conquistada bem depois da brasileira. No conto "Easter Sunday Morning", da escritora jamaicana Hazel D. Campbell, o duelo entre a cultura européia e a local também é simbolicamente transposto para a esfera musical. O conto narra um duelo cultural travado numa aldeia caribenha, onde a convivência entre a população nativa e a comunidade inglesa parece harmoniosa: é o que sugere a mistura de novos e velhos costumes, como o movimento de automóveis ao lado de jumentos cavalgados por nativos. Uma igreja anglicana chega a permitir o sincretismo de ritos cristãos e elementos nativos. Durante a Páscoa, as oferendas incluem produtos locais e europeus: inhames e batatas-doces, acatás e bananas ao lado de maçãs e *grape-fruits*.

Rompe-se a harmonia aparente quando uma mulher nativa, conhecida pelo nome irônico de Mother White, tenta levar o sincretismo religioso além do tolerável para a comunidade européia. Exalando odores de óleos e plantas nativas e usando vestes étnicas, a mulher participa da comunhão. Recebe o vinho e a hóstia, mas, em vez de engoli-los, cospe-os num recipiente escondido entre as vastas saias. Percebida a manobra, a comunidade suspeita que as espécies da eucaristia estivessem sendo desviadas para a utilização em poções mágicas e ritos demoníacos. A dedução mobiliza o pastor. Num domingo de Páscoa, tendo Mother White executado suas piruetas rituais no meio da igreja, o pároco surpreende a comunidade com uma espécie de exorcismo, a solene recitação de versos celebrando o poder de Cristo. Segue-se um hino inusitado, cuja letra é acentuada por acordes de órgão:

187

Ó Deus, invisível, e sempre próximo,
Tua Presença deixa-nos provar,
Para, tocados por temor sagrado,
Ao Teu altar ajoelhar[19].

Quando distribui a comunhão, o pastor nega-a a Mother White. Aos protestos da suposta feiticeira responde com reiteradas negativas, pontuadas pelo trovejar do órgão e pelo hino, entoado com ênfase crescente por todos os anglicanos. Mother White revida com seu próprio ritual: rolando pelo chão, abaixando e levantando o corpo, suando e tremendo. Prossegue a batalha simbólica, até que um último acorde, dissonante, do órgão, assusta a todos. A mulher estremece, agarra o turbante branco tombado ao chão e, reconhecendo a derrota, abandona a igreja. No alto, brilha, triunfante, a cruz de Cristo.

Aparentemente, o discurso irônico de "Easter Sunday Morning" começa por descrever, em pé de igualdade, como práticas religiosas equivalentes, o ritual anglicano e os ritos caribenhos. Mas o desfecho não deixa dúvidas sobre qual seja a cultura vencedora e qual a vencida, qual a que tem suas tradições preservadas como sagradas e qual vê as suas rejeitadas como superstição. A música do órgão, o mais poderoso e tradicional instrumento do ritual cristão, atua como metáfora do poder que decide o duelo entre as duas culturas. É a negra caribenha que, arrastando turbante e saias – tão semelhantes aos da baiana brasileira –, sai expulsa de sua própria terra, abandonando o espaço aos invasores.

19. "O God, unseen yet ever near,
Thy Presence may we feel,
And thus inspired by holy fear,
Before thine altar kneel."

Hazel D. Campbell, "Easter Sunday Morning", *The Faber Book of Contemporary Caribbean Short Stories*, London, Boston, Faber and Faber, 1990, pp. 32-45.

3. MPB, RESISTÊNCIA E HOMOSSEXUALIDADE EM *STELLA MANHATTAN* DE SILVIANO SANTIAGO

Stella Manhattan[1], de Silviano Santiago, publicado em 1985, é um romance *gay*. A constatação é relevante para a abordagem do texto sob o ponto de vista de sua relação com a música. A perspectiva *gay*, que é não só a da maioria das personagens, mas também a do narrador, altera o aspecto sob o qual as inúmeras referências musicais são apresentadas e influi sobre a forma como o leitor elabora sua versão do texto. Antecipando uma parte da conclusão, pode-se afirmar que a metáfora musical serve a uma ampla hierarquização que envolve o universo homossexual bem como todo o contexto estético e político.

Demonstrando que a personagem homossexual pode ser tão diversificada quanto a heterossexual, *Stella Manhattan* apresenta um elenco variado de *gays*. Num extremo do espec-

---

1. Silviano Santiago, *Stella Manhattan*, Rio de Janeiro, Editora Nova Fronteira S. A., 1985.

tro, situa-se o discreto intelectual cosmopolita que se confunde com o narrador ficcional, e, no outro, colocam-se o garoto-de-programa Rickie e Vianna, o militar sadomasoquista. Em um grupo tão heterogêneo, em que, partindo do contido narrador, chega-se até o espalhafatoso travesti, há lugar para o revolucionário utópico; o observador distanciado; o terrorista; o jovem sofredor, fragilizado pela rejeição familiar e por um amor infeliz; o anticomunista, sentimental e carente; o sadomasoquista reacionário; o cínico explorador sexual – todos envolvidos em situações igualmente diversas, do amor romântico a envolvimentos sórdidos ou violentos. As alusões musicais têm muito a ver com essa diversidade de representações homossexuais: as "canções de protesto" de Chico Buarque e Bob Dylan, compatíveis com o gosto de um público culto, pertencem ao mundo do narrador, enquanto as composições menos sofisticadas, geralmente canções do "período de ouro" brasileiro, dos anos de 1930 aos anos de 1940, prendem-se às vivências de homossexuais situados em outro patamar de cultura, amadurecimento e nível social.

Stella Manhattan não é um romance *gay* apenas por essa razão, ou em função das personagens e do enredo, nem pelo fato conexo de que por vezes utiliza uma linguagem característica do universo homossexual. O texto é *gay* também por apresentar uma visão de mundo em que a vivência homossexual, além do erótico, permeia o político e o estético, num amálgama único, subjacente a toda a narrativa. Ela tece uma trama *sui generis:* apresenta um grupo de homossexuais que, além de suas experiências pessoais, vive em Nova York um esforço conspiratório contra a ditadura instalada no Brasil pós-64, e acaba por encarnar um ideal libertário universal. Uma das personagens, o anticomunista cubano Francisco Ayola, de codinome Paco, ou, em sua versão feminizada, Lacucaracha, informa ter se refugiado nos Estados Unidos para escapar à ditadura castrista, hostil aos homossexuais. Com sua tolerância em relação à vida privada, Nova York representa para Paco a própria liberdade. Entretanto, o texto não deixa dúvidas sobre a situação desfavorável do imigrante originário do chamado Terceiro Mundo. Essa discriminação, acrescida à velada cumplicidade entre a ditadura brasileira e as forças policiais do FBI e da CIA, contribui para apresentar os Estados Unidos como o agente-mor de uma opressão neocolonial que, no mundo moderno, substitui a antiga dominação colonial. Emblematicamente, a resistência dos brasileiros *gays* residentes em Nova York (incluindo Eduardo, o protagonista mulato) torna-se um desafio à opressão neocolonial. O combate desigual, aliado ao anseio pela liberdade também de orientação sexual e de criação artística, leva as personagens a arriscar a própria vida. Ostensivamente, o trágico fim, numa prisão norte-americana, de Eduardo da Costa e Silva – Stella Manhattan, em sua personificação *gay* – não decorre de seu (ligeiro) contato com a organização revolucionária. As circunstâncias misteriosas de sua morte tornam admissível a hipótese contrária de Eduardo/Stella ter sido executado por agentes do FBI ou da CIA, possibilitando ver na sofrida personagem um mártir de sonhos libertários, um moderno Tiradentes *gay*. Fugindo às imagens tradicionais, o discurso narrativo confere assim uma estatura heróica ao homossexual. Essa nova imagem *gay* contrapõe-se às vozes, dialogicamente incluídas no texto, que falam de "mariquitas e mariconas" (p. 210), "bichas más, invejosas, pérfidas, orgulhosas, traiçoeiras, velhacas, maledicentes, desdenhosas". As descrições realmente pejorativas assentam melhor às duas solitárias personagens heterossexuais, o professor Aníbal e sua mulher Leila. Paraplégico, *voyeur*, Aníbal assiste, da janela de seu apartamento, os encontros de Leila com transeuntes ocasionais. Só assim o casal realiza uma vicária união amorosa. A emblemática paralisia de Aníbal harmoniza-se com sua postura política reacionária que, acoplada a um tradicionalismo estético, contrapõe-se à tríplice proposta libertária do narrador.

Mantendo-se a reservada distância das personagens, o narrador ficcional completa o elenco de figuras *gays*. Assume sua homossexualidade, mas silencia sobre os detalhes de sua vida amorosa, sob a alegação de que "não gosta de narrativas autobiográficas", "qualquer intromissão do sentimento pessoal ou do gosto subjetivo arruina a perfeição da forma a ser obtida" (pp. 74 e 76). O narrador mantém um diálogo metalingüístico com um seu *doublé* extremamente exigente e inibidor.

191

A curiosa fala ventríloqua mescla reflexões sobre arte e política, tópicos que, acrescentados ao tema da orientação sexual, acabam por fundir-se num tripé estético/político/sexual que substitui a vida pessoal silenciada pelo narrador.

A autocompaixão e a frustração amorosa de Paco/Lacucaracha e do protagonista Eduardo, especialmente quando assume a *persona* feminina de Stella, refletem-se em suas preferências musicais. Usada sobretudo para essa dupla, a referência musical ocasionalmente indica o estado de espírito de personagens secundárias, como Glória, colega de Eduardo. Presa às lembranças do Brasil, a jovem tem "a cabeça varrida pelo vento que embalança as palmas, embalança as palmas dos coqueiros de Pajuçara" (p. 18), alusão à letra da canção de Dorival Caymmi. Acrescida às falas e aos outros traços da personagem, a bem-humorada referência musical caracteriza Glória como uma "cabeça de vento". Na mesma linha irônica, reportando-se à tradição segundo a qual, ao ouvir o trecho coral do *Messias*, as platéias tradicionalmente se levantam, Eduardo associa o *Aleluia!* de Haendel ao clímax sexual de Rickie, o michê norte-americano (p. 23). A irreverente aproximação resulta num efeito cômico, obtido também, de forma diversa, quando Marcelo, jovem professor universitário de literatura, alterego do narrador, parafraseia um verso de *Nega Maluca*, para referir-se à paixão de Eduardo pelo michê, cantando: "Toma que o Rickie é teu" (p. 241). Para caracterizar o papel do amigo na vida do garoto-de-programa, Marcelo alude à figura emblemática de Amélia, associando-a à canção de Lupicínio Rodrigues, *Se Acaso Você Chegasse*, quando cantarola para Eduardo: "Você vira Amélia. De dia lhe lava a roupa, de noite lhe beija a boca" (p. 241). É ainda Marcelo que, com a aparente frieza de sua "visão lógica e dura da vida" (p. 184), se refere ao misterioso desaparecimento de Eduardo nos termos da canção: "Oi zunzunzunzum tá faltando um" (p. 268).

As letras de outras canções, especialmente de compositores e intérpretes da MPB entre 1930 e 1940, evocam a tristeza de Eduardo pela rejeição familiar[2]. A marchinha

2. Sobre as canções desse período, ver Ricardo Cravo Albin, *MPB, A História de um Século*, Rio de Janeiro, Funarte, 1997, pp. 202-241.

192

de Carnaval ecoa na mente do protagonista: "Ó jardineira, por que estás tão triste?" (p. 11) Em suas angústias noturnas, Eduardo encontra refúgio em canções sentimentais interpretadas por Dircinha Batista, Ângela Maria e Dalva de Oliveira. Revive a dor da expulsão de casa, imaginando ouvir dos pais os versos da canção: "junte tudo o que é teu, teu amor, teus trapinhos/Junte tudo o que é teu e saia do meu caminho" (p. 28). Embora a letra exerça papel-chave na representação dos estados emocionais da personagem, a melodia, conhecida do leitor brasileiro, reverbera também em sua leitura, incorporando-se de certa forma ao romance. As referências musicais do vizinho e amigo de Eduardo, Paco/Lacucaracha, têm o mesmo caráter sentimental. Como convém à personagem, o repertório citado é cubano ou mexicano. Inclui boleros, "desses enternecedores e enternecidos, típicos dos filmes da Pelmex", canções como a chorosa *Sombras*, interpretada pelo mexicano Javier Solis (p. 32) ou ainda cantadas pelo cubano Daniel Santos, que, segundo Eduardo, soa como "uma mistura de Nelson Gonçalves com Miltinho, talvez um pouco mais puxado para a voz grave de Francisco Alves" (p. 34). No caso das citações cubanas, o leitor brasileiro, não familiarizado com as letras, tem de contentar-se com imaginar as melodias e ritmos descritos.

Para o público sofisticado as composições e interpretações que povoam as lembranças de Eduardo e Paco podem parecer piegas, de qualidade duvidosa. Sugerem uma concepção da sensibilidade homossexual próxima da feminina, à qual a ideologia falocêntrica atribui uma questionável preferência por criações literárias ou musicais sentimentais, "inferiores" aos canonizados pelo gosto masculino. A oposição entre alta cultura, considerada masculina, e cultura popular, vista como feminina, é mencionada pelo próprio autor do romance, na qualidade de crítico e teórico da literatura. Em "A Estrutura Musical do Romance – O Caso Érico Veríssimo", publicado em 1987, dois anos depois de *Stella Manhattan*, Silviano Santiago demonstra seu interesse pela relação entre a literatura e a música. Decorrida mais de uma década, volta ao assunto em "Democratização no Brasil. 1979-1981 (Cultura *versus* Arte)", do ponto de vista da suposta diferença entre a estética feminina e a masculina[3]. Comentando o despertar da crítica brasileira para a cultura popular, especialmente "a leitura rehabilitada do melhor da música popular-comercial brasileira" por José Miguel Wisnik, Silviano observa que, em dado momento, Wisnik pede ajuda a sua mulher para escrever sobre Roberto Carlos, como se a tarefa fosse inadequada para a crítica masculina. Silviano remete à citação da fala da esposa, feita por Wisnik entre inequívocas aspas:

> "Ela disse: voz poderosa, suave, louca, ele [Roberto Carlos] realiza melhor do que ninguém o desejo de um canto espontâneo, arranca matéria viva de si e entra em *detalhes, coisas mal acabadas, células emocionais primitivas*, momentos quase secretos de todo mundo [...] uma qualidade romântica, ingênua e vigorosa, que unifica a sem-gracice, o patético, a doçura, o lirismo que há em todos, e fica forte, quase indestrutível, pois soma anseios, ilusões, ideais que também pairam por aí, mais além, estranho à realidade cotidiana de muitos"[4].

Ao recorrer à intermediação feminina e, depois, ao comentar as canções escritas por Caetano Veloso para Roberto Carlos, Wisnik, segundo Silviano, cai na *armadilha do gênero (gender trap):* "Para 'falar um pouco mais de Caetano a partir de Roberto Carlos' é preciso assumir a fala rebaixada da mulher"[5]. Entretanto, o narrador de *Stella Manhattan*, criado pelo mesmo Silviano, não estaria reproduzindo o procedimento de Wisnik, quando atribui a Eduardo e Paco, homossexuais assumidos, às vezes exibicionistas, o gosto por canções populares de nível "inferior", "feminino", ao mesmo tempo que silencia sobre sua própria vida íntima, e manifesta prefe-

---

3. Silviano Santiago, "A Estrutura Musical do Romance – O Caso Érico Veríssimo", em Eneida Souza Maria e Júlio C. M. Pinto (orgs.), *1ª e 2ª Simpósios de Literatura Comparada. Anais*, vol. I, Belo Horizonte, Curso de Pós-Graduação em Letras da UFMG, 1987, pp. 156-172. Cf. também Silviano Santiago, "Democratização no Brasil. 1979-1981 (Cultura *versus* Arte)", *Declínio da Arte, Ascensão da Cultura*, Florianópolis, Livraria e Editora Obra Jurídica, 1998, pp. 11-24.

4. Silviano Santiago, "Democratização no Brasil", *op. cit.*, p. 20.

5. *Idem, ibidem.*

rência pela composição mais trabalhada, "masculina", de Chico Buarque e Bob Dylan? Não estabelece uma hierarquia que implica cair também na "armadilha do gênero", reforçando a dicotomia do estereótipo homossexual/travesti, ou homossexual/bicha?

O erudito narrador interessa-se também pela ligação entre a literatura e as artes plásticas. Para introduzir os conceitos de personagem dobradiça e narrador dobradiço, inspira-se em esculturas de Lygia Clark (particularmente na série de pequenas esculturas denominadas *Bichos*) e em *La Poupée*, título de várias criações do versátil surrealista polonês Hans Bellmer[6]. O termo "dobradiça" inspira-se na peça de metal de mesmo nome, formada de duas chapas unidas por um eixo comum, sobre a qual gira uma porta ou janela. Os *Bichos* de Lygia Clark lembram essa peça por serem também articulados por meio de uma pequena haste de metal, equivalente à lombada de um livro. Compostos de partes predominantemente planas de alumínio anodisado, os *Bichos* têm ângulos que se dobram, sugerindo movimentos como inflectir, curvar, inclinar[7]. Indissociável de uma dimensão temporal implícita, o movimento sugerido evoca imagens mutáveis, flexíveis, "dobradiças", propiciando um circular de sentidos que permite ao público participar do processo de criação.

Nesse sentido os *Bichos* assemelham-se às *Poupées* de Bellmer – imagens e artefatos que lembram bonecas de membros articuláveis, repuxados em estranhas contorções, às vezes combinadas com figuras humanas grotescas, de óbvio apelo erótico. Não é difícil detectar a ligação com as personagens de *Stella Manhattan*, cujo obsessivo e atormentado erotismo combina-se com traços mutáveis, dúplices, às vezes contraditórios. As personagens são "dobradiças" também do ponto de vista de sua ambigüidade sexual: descrevendo Eduardo, por exemplo, o narrador oscila entre adjetivos masculinos e femininos, como convém ao protagonista, que ora se apresenta vestido de forma convencional, própria do distinto funcioná-

---

6. Desenhista, gravador, pintor, litógrafo, escritor e criador de bonecas, morto em 1975.

7. Cf. Ricardo Nascimento Fabrini, *O Espaço de Lygia Clark*, Atlas, s/d.

rio da embaixada brasileira em Nova Iorque, ora se imagina usando o vestidinho caseiro da frágil Stella Manhattan, cujo monólogo interior revela a identificação com sucessivas figuras femininas – odalisca, Branca de Neve, a dedicada empregada Sebastiana, vedetes de teatro de revista. Entretanto, a postura política do protagonista, seu desejo de uma "verdade política nova e libertária, de uso pessoal e coletivo", também permite à personagem "dobradiça" envergar a imagem do galo, símbolo tradicionalmente masculino: "o galo cocoricó que cantava de político no apartamento de Eduardo era Stella Manhattan" (p. 20). O entrecruzar de olhares das personagens contribui para criar outras imagens cambiantes, "dobradiças". Eduardo vê no patético Paco/Lacucaracha, "tiquinho de gente, que revirava os olhos e fazia boquinhas" (p. 33), um homossexual com estilo próprio, aliado a um paradoxal sentimento religioso de culpa e redenção. Paco, por sua vez, projeta nos amigos Eduardo e Marcelo a figura do homossexual lúcido que, exorcizada a culpa pela análise psicanalítica, prossegue num contínuo auto-exame e vive sem conflitos o sexo fortuito. Na análise de Paco, a comunidade *gay* torna-se emblemática de uma comunidade maior, utópica, "onde predominasse o espírito da verdadeira fraternidade. *La fraternidad universal*" (p. 210).

A visão de Paco, aliada a certas reflexões de Marcelo, complementa o projeto do narrador, outra criatura "dobradiça", dividida entre a vocação artística, a atividade acadêmica e a preocupação política. Seu projeto é exposto em seção à parte, denominada "Começo: O Narrador" (pp. 68-91), que interrompe a narrativa, chamando a atenção para a descontinuidade da criação, em oposição à linearidade da ação. O narrador propõe visões paralelas da arte e da política: a ambas convém o princípio da abundância, do excesso, a serviço da comunidade. Situada além da disciplina imposta pela forma, transcendendo a busca da mera sobrevivência, "a arte não pode ser norma, é energia desperdiçada" (p. 70). O desperdício lembra a noção kantiana do "interesse desinteressado" ou "finalidade sem fim" como componente ordenador da obra de arte[8],

---

8. Refiro-me à "intencionalidade subjetiva e não planejada" mencionada por Kant em sua *Crítica da Faculdade de Julgar*, § 49.

que faz pensar na prazerosa e "inútil" absorção do artista em contraste com a atividade utilitária, exigida pela sobrevivência. Para o narrador, a atividade estética é livre e espontânea como o galope de um cavalo. Só secundariamente se relaciona com a forma, que é a maneira mais econômica de atingir um objetivo, correspondente ao trote, "invenção amestrada que vem depois do galope" (p. 73).

Para ilustrar a noção de arte como "energia desperdiçada"(p. 70), o narrador recorre a uma imagem musical, a lembrança de quatro músicos de rua tocando na estação do metrô Odeon em Paris. O som transbordante, movendo-se em ondas irresistíveis, faz mudar a cadência dos passos dos usuários do metrô, lembrando o poder da arte como instrumento de transformação. O narrador destaca a atuação de um mulato que toca uma espécie de berimbau improvisado – uma forte corda metálica ligada ao alto de uma haste, inserida em algo semelhante a uma bacia invertida: "explodia dele uma energia que fugia da norma que satisfaz a necessidade". O narrador considera que também na política deva aplicar-se o princípio da abundância. Entretanto, ao contrário da acumulação capitalista, que leva à exploração do trabalhador, e aos desperdícios do luxo, o princípio da abundância deve visar ao bem comum. Uma oposição semelhante assinala o contraste entre os habitantes dos climas tropicais – "tão idealistas e tão pouco práticos", "que se deleitam ao espetáculo das estrelas e da lua" – e os dos climas frios (p. 87). Estes "recusam olhar para o alto quando saem à noite", caminham sempre à frente, buscando a evolução tecnológica, descartando produtos, ou, como os americanos, donos do "lixo mais rico do mundo", desperdiçando recursos na construção de material bélico (p. 90). Esse desperdício destrutivo nada tem a ver com o desperdício criativo da arte e da política, como as entende o narrador, antes representa a potência militar e o neocolonialismo no mundo globalizado.

O universo musical invocado inclui uma referência à ação política do maestro Leonard Bernstein, solidário com os grupos contestadores das minorias raciais norte-americanas, que chegou a angariar fundos para as Panteras Negras[9]. A atua-

---

9. O narrador alude a um fato real, a recepção dada por Leonard

ção do regente de música erudita faz par com a composição trabalhada de Dylan e Chico no requintado universo do narrador, ratificando sua visão de arte e política, unidas pela utopia da abundância criativa a serviço de todos. O narrador não menciona títulos de criações específicas de Dylan e Chico, mas reporta-se inegavelmente ao impacto artístico e político de suas obras[10]. O leitor não pode esquecer que o cantor e compositor Bob Dylan é o criador de *Blowin' in the Wind*, que se tornou o hino do movimento pelos direitos civis nos EUA. Como o mais influente criador da música de protesto no início dos anos de 1960, compôs, entre 1961 e 1964, canções que expressaram as esperanças e indignações de toda uma geração. No Brasil, o nome de Chico Buarque desperta associações semelhantes, especialmente pelas canções criadas durante a ditadura militar. Desse período, quando, segundo o jornalista Tárik de Souza, "o AI-5 promoveu a MPB a inimiga cultural número um do regime", datam as politizadas criações *Pedro Pedreiro* e a música para o auto de Natal, *Vida e Morte Severina*, de João Cabral de Melo Neto[11]. O protesto político integra a obra dramático-musical de Chico, especialmente *Ópera do Malandro*, comédia musical de 1978 que

Bernstein a um grupo de Panteras Negras em seu apartamento da Quinta Avenida, em Nova York. "Lenny" Bernstein convidou várias celebridades, de artistas a colunistas famosos. A festa, patrocinada por aqueles que Tom Wolve chamaria de "radicais chiques" foi um sucesso social extraordinário e tornou-se um símbolo do "namoro dos bem pensantes com a transgressão". Cf. "O Radical e o Chique", revista *Veja* de 08.03.2000, p. 32.

10. Em texto de 1993, Lígia Vieira Cesar também aproxima os dois compositores, contemplando os aspectos políticos das respectivas obras. Considerando as letras de Chico e Dylan como uma forma de literatura oral, veículo de cobranças políticas, a autora estuda particularmente três canções de Chico, as quais denomina "canções de resistência": *Quando o Carnaval Chegar, Cordão* e *Apesar de Você*. Menciona também as referências de Chico aos marginalizados: "as meretrizes", "os bandidos", "o pivete", "o malandro", "o sambista", "os desvalidos", "os poetas e profetas", o homossexual, declarando-os unidos em um "Cordão" fraternal. Lígia Vieira Cesar, *Poesia e Política nas Canções de Bob Dylan e Chico Buarque*, São Carlos, Edufscar, Editora da Universidade de São Carlos, 1993, especialmente pp. 87 e 98.

11. Cf. Regina Zappa, *Chico Buarque*, Rio de Janeiro, Relume Dumará, 1999, pp. 98 e 103.

acrescenta uma dimensão revolucionária e utópica à tradicional figura do malandro. Pondo sua alegria, lucidez e criatividade a serviço dos excluídos, a personagem João Alegre ilustra o princípio do transbordamento criativo que o narrador de *Stella Manhattan* reivindica para a arte e para a política[12]. A arte de Chico caracteriza-se também pelo requinte musical e pela aversão ao sensacionalismo, condizentes com o artesanato estético e a contenção pessoal exigidos pelo ideal artístico e político do narrador.

O texto de Santiago estabelece uma ligação entre a criatividade do artista e a interpretação da homossexualidade adotada pelas personagens. No entender de Marcelo, a orientação heterossexual implica conservadorismo, em contraste com a livre criatividade do homossexual, semelhante à da produção artística:

> [A] principal característica da bicha hoje é a de uma constante busca de estilo próprio. A diferença entre a bicha e o heterossexual é que este – seja homem ou mulher – já tem estilos de vida codificados, e o processo por assim dizer de amadurecimento nada mais é do que o de assumir um dos estilos já perfeitamente realizados pelas gerações passadas. [É] por isso que o heterossexual é tão pouco inventivo quando chega à idade da razão, fala a língua de quase todos, enquanto a bicha atinge a maturidade pelo constante exercício da imaginação em liberdade, inventando cada dia o seu linguajar, que por isso mesmo tem necessariamente de ser pitoresco, [...] passado e história são coisas que só interessam aos heterossexuais [pp. 211-212].

Essa concepção tem ressonâncias políticas, quando se pensa na indissolubilidade do amálgama estético/político/sexual composto pelo narrador e resumido na metáfora musi-

---

12. Cf. Solange Ribeiro de Oliveira, *De Mendigos e Malandros: Chico Buarque, Bertolt Brecht, John Gay – Uma Leitura Transcultural*, Ouro Preto, Editora da Universidade Federal de Ouro Preto, 1999. Ver também Cláudia Matos, *Acertei no Milhar (Samba e Malandragem no Tempo de Getúlio)*, Rio de Janeiro, Paz e Terra, 1982. A autora se interessa pelas letras de samba que, por muito tempo, "constituíram o principal, senão o único documento verbal que as classes populares produziram autônoma e espontaneamente". Privilegiando o samba do malandro, acrescenta que "o malandro do samba tem uma voz cultural muito mais vigorosa do que o dito malandro em carne e osso". *Apud* Silviano Santiago, último artigo citado na nota 188.

cal. Dados a caracterização "heróica" de quase todas as personagens *gays* e o claro posicionamento político do narrador, todas as alusões musicais, remetam ou não a canções politizadas e sofisticadas, acabam constituindo metáforas do anseio pela liberdade, nos vários campos da política, da arte e da prática sexual. Confirma-se a função de resistência atribuída à música popular por José Miguel Wisnik, em texto citado pelo autor de *Stella Manhattan*:

> A tradição da música popular, pela sua inserção na sociedade e pela sua vitalidade, pela riqueza artesanal que está investida na sua teia de recados, pela sua habilidade em captar as transformações da vida urbano-industrial, não se oferece simplesmente como um campo dócil à dominação econômica da indústria cultural que se traduz numa linguagem estandardizada, nem à repressão da censura que se traduz num controle das formas de expressão política e sexual explícitas, e nem às outras pressões que se traduzem nas exigências do bom gosto acadêmico ou nas exigências de um engajamento estreitamente concebido[13].

Silviano dá seqüência à argumentação de Wisnik, afirmando que a música popular passa a ser o espaço "nobre" em que se articulam, avaliam e interpretam as contradições econômicas e sociais do país"[14]. Transposto para o grupo de brasileiros reunidos na Nova York de *Stella Manhattan*, o jogo de contradições e repressões de que fala Wisnik ocupa um cenário mais vasto que, simbolicamente, abrange as nações dos chamados Primeiro e Terceiro Mundo. Nesse universo ampliado, Chico Buarque e seus antecessores brasileiros encontram-se com Bob Dylan, reforçando o papel da música popular como expressão do anseio por liberdade que, lá como cá, vibra no coração dos excluídos.

---

13. José Miguel Wisnik, citado por Silviani Santiago, *Democratização no Brasil, op. cit.*, p. 19.

14. Cf. Silviano Santiago, "Democratização no Brasil. 1979-1981 (Cultura *versus* Arte)", *op. cit.*, pp. 11-24. O interesse do autor pela relação da música com a literatura aparece em outro trabalho, "A Estrutura Musical do Romance – O Caso Érico Veríssimo", *op. cit.*, pp. 156-172.

4. A ORIGEM DA MÚSICA E A MÚSICA DAS ORIGENS: *LOS PASOS PERDIDOS* DE ALEJO CARPENTIER

Cuan inútil es andar donde siempre se estará
al centro de lo contemplado.

ALEJO CARPENTIER

Los Pasos Perdidos, romance de Alejo Carpentier publicado em 1953, é um exemplo instigante das relações entre vários discursos: entrelaça o tema da origem da música e a recapitulação de algumas de suas formas históricas com a discussão ficcionalizada de questões em plena efervescência nos atuais estudos culturais e pós-coloniais. Sobressai entre todos o tópico do hibridismo, o qual Edward Said, teórico seminal da crítica pós-colonial, considera a "noção essencial para as realidades do presente, quando as lutas das realidades cotidianas impregnam poderosamente os textos, tanto os que lemos como os que escrevemos"[1]. Ilustrando-as com a figura de Caliban, arquetípico porta-voz dos povos espoliados pela colonização, Said distingue duas formas, representadas por dois Calibans diferentes, pelas quais as nações nascidas de ex-colônias imaginam seu próprio passado. A primeira forma evidencia-se quando a cultura tenta negar o passado colonial, e, com ele, rejeitar seu inegável hibridismo. Essa atitude é a do protagonista/musicólogo e narrador anônimo de Los Pasos Perdidos, cujo ponto de vista único domina a narrativa. A personagem situa-se no limiar da cultura latino-americana, não conseguindo identificar-se nem com a Europa dos ancestrais paternos nem com a cultura híbrida da América Latina contemporânea, associada à figura materna. O musicólogo tenta solucionar o impasse refugiando-se no sonho de uma cultura nativa pura, isenta das marcas da colonização. Na figuração de Said, esse é o Caliban que, recusando o hibridismo, "descarta sua servidão e seu desfiguramento físico, no processo de descobrir sua identidade essencial, pré-colo-

1. Cf. Edward Said, Culture and Imperialism, op. cit., p. 317. A discussão sobre o hibridismo é exemplarmente resumida por Robert J. C. Young, que define o hibridismo de forma bastante simples, como fenômeno cultural, resultante de interação cultural por meio da linguagem e do sexo. Young percorre velhos e novos argumentos sobre a impossibilidade de se sustentar a noção de raças "puras", ou "superiores". Ao contrário do que afirma a ideologia (neo)colonialista, o hibridismo encontra-se originalmente também nos centros hegemônicos do Ocidente, tanto quanto nas sociedades outrora colonizadas por ele. A cultura moderna, representada pelo símbolo multicor do arlequim no "mestiço instruído" de Michel Serres, é, em muitos e complexos sentidos, inapelavelmente híbrida. Já nos anos de 1870, na Inglaterra, sede do imperialismo mais preconceituoso, John Crawford e Carl Vogt chamavam a atenção para a mestiçagem racial e cultural dos anglo-saxões, mistura improvável de elementos celtas, saxões, normandos e escandinavos. Cf. R. J. C. Young, "Hybridity and Diaspora", Colonial Desire: Hybridity in Theory, Culture and Race, New York, Routledge, 1995, pp. 1-28. Variações recentes do tema do hibridismo incluem a idéia da infiltração e da contaminação, que comprometem as autoproclamadas sociedades "puras". A respeito, ver Mireille Rosello, "The Infiltrator Who Came in from the Inside: Making Room in Closed Systems", Canadian Review of Comparative Literature/Révue Candienne de Littérature Comparée, vol. XXII (2) 1995, pp. 241-254; também Susan Sontag, Aids and its Metaphors, London, Penguin, 1988.

nial". Essa postura nativista e essencialista impede, segundo Said, o crescimento futuro da nação, que só se torna possível quando entra em ação a segunda maneira como a ex-colônia cria sua "comunidade imaginada". Nasce, então, o segundo Caliban: aquele que aceita seu passado mestiço para, apoiado nessa realidade, administrar o presente e preparar o futuro[2]. A reflexão de Said completa a de Edmund O'Gorman: as viagens dos Navegadores levaram a consciência ocidental a abandonar a idéia bíblica do homem inocente, desprovido de autoconsciência, habitante, sem ter contribuído para sua criação, de um paraíso onde viveria dispensado de trabalhos. As realidades do Novo Mundo exigem uma nova postura: em vez de esperar algo dado, pronto e acabado, seu ocupante tem de assumir a construção e formação, pela história, do território a ser habitado[3].

Ao início do romance, o musicólogo de *Los Pasos Perdidos* está longe de adotar essa posição. Ao contrário de Carpentier – pesquisador do passado latino-americano, romancista, ensaísta, compositor, musicólogo[4], e também audio-sincronizador e libretista de óperas e balés –, o protagonista encontra dificuldade em integrar-se na arte e na realidade de seu tempo. Refugiado num nativismo estéril, não se dá conta de que o mito por ele abraçado não exerce, como nas sociedades primitivas, a função de criar representações coletivas do universo ou explicações para os mistérios da existência. Seu particular mito de origem nasce do "desejo mais ou menos consciente de [...] anestesiar um certo saber doloroso com o bálsamo de uma alternativa ficcional"[5]. A imaginada pureza das sociedades pré-colombianas e das culturas interioranas que as sucederam é a "alternativa ficcional" encontrada pelo

---

2. Sobre os dois Calibans, ver Said, *op. cit.*, p. 214.

3. Edmund O'Gorman, *The Invention of America...*, Bloomington, Indiana University Press, 1961, pp. 64-65 e 129.

4. Carpentier é autor de *La Música en Cuba*, Cidade do México, Fondo de Cultura Económica, 1946.

5. Adoto aqui as palavras de Edmund Leach e W. H. Walsh, *apud* Sérgio Luiz Prado Bellei, *Nacionalidade e Literatura. Os Caminhos da Alteridade*, Florianópolis, Editora da Universidade Federal de Santa Catarina, 1992, p. 31.

narrador de *Los Pasos Perdidos* como consolo para a crueza do registro histórico e de sua herança, as imposições da vida na América Latina atual. Nela, o protagonista, que é também compositor, sofre uma frustração típica do artista tradicional. Embora refratário às atividades artísticas próprias da sociedade industrial, vê-se obrigado, para sobreviver, a elaborar roteiros musicais para filmes publicitários. O narrador sente-se também pouco à vontade com outras contingências da vida nas grandes cidades, tais como a convivência com a mulher liberada das imposições patriarcais. Tentando escapar a tudo isso, o musicólogo parte de uma protótipica capital em algum lugar da América do Sul, atravessando "locais pouco conhecidos, e apenas fotografados"[6] e cidades provincianas típicas de vários países do continente. O percurso é marcado por alusões a músicas ouvidas pelo caminho, todas de origem européia, formando um variado repertório que abrange desde valsas e polcas ligeiras até formas eruditas como a polifonia barroca. É como se, iniciando sua tentativa de descartar a herança cultural européia, o musicólogo empreendesse primeiro uma recapitulação nostálgica de sua música. Ao mesmo tempo, caminha em direção à Origem sonhada, às raízes culturais do continente, a qual ele associa a uma teoria sobre a origem da música. Ao fim do romance, forçado a voltar à capital, o narrador é obrigado a abandonar não só essa teoria, mas várias de suas expectativas iniciais. Nesse ponto, parece ter caminhado, talvez tarde demais, para admitir alguns pressupostos indispensáveis a sua metamorfose no segundo Caliban, especialmente a aceitação do hibridismo, de formas musicais contemporâneas e da convivência com uma nova mulher.

Iniciando a narrativa, o protagonista defronta-se com duas versões antagônicas do mito de origem, previsíveis em um filho de pai alemão e de mãe cubana. Cultiva a fantasia de uma América primeva, supostamente não contaminada pela tecnologia e pela "civilização". Mas lembra também o mito recorrente nas narrativas paternas: o de uma Europa idealiza-

---

6. Alejo Carpentier, *Los Pasos Perdidos*, Madrid, Allianza Editorial, 1996, p. 273. Todos os textos do romance aqui citados foram traduzidos por mim.

da, berço da civilização e da cultura. O duplo mito de origem, enraizado na herança bicultural do protagonista, resume simbolicamente a história das Américas.

O sonhado retorno à cultura nativa pura implica a rejeição do legado europeu. Mas como ignorá-lo? O velho continente persegue o Novo Mundo, em gravuras onipresentes de paisagens européias e na memória literária e musical do narrador. Tudo faz lembrar o discurso paterno, situando no velho mundo a "verdadeira cultura", a "civilização", bem como o legado de pensadores revolucionários. A Europa, berço do marxismo, representaria o ideal de uma distribuição eqüitativa de bens materiais e culturais. Num futuro próximo, devaneava o pai, as bibliotecas públicas seriam freqüentadas por operários, que ouviriam a *Nona Sinfonia* de Beethoven. Inversamente, o Novo Mundo seria, na visão paterna, o "Continente de Pouca História" (p. 96), assombrado pelos "horrores" da revolução de Pancho Villa.

Passada a adolescência, o narrador descarta esse mito paterno europeu, bem como seu símbolo, a *Nona Sinfonia*, epítome da música romântica e de toda a estética do sublime[7]. O repúdio apóia-se em evidências históricas seculares, das antigas guerras religiosas ao anti-semitismo da Segunda Guerra Mundial, que desmentem a idealização paterna:

> À noite, em praças públicas, alunos de insignes faculdades queimavam livros em grandes fogueiras. Naquele continente, não se podia dar um passo sem ver fotografias de crianças mortas em bombardeios a cidades abertas, sem ouvir falar de sábios confinados, de seqüestros inexplicados, de perseguições e defenestrações, de camponeses metralhados em praças de touros. Assombrava-me – irritado, ferido a fundo – a diferença entre o mundo descrito por meu pai e o que me havia sido dado conhecer. Onde buscava o sorriso de Erasmo, o Discurso do Método, o espírito humanista, o anseio de Fausto e a alma apolínea, esbarrava com o auto de fé, o tribunal de algum Santo Ofício [pp. 90-91].

---

7. Para o estudo das referências à *Nona Sinfonia* em *Los Pasos Perdidos*, cf. Juan Barroso, "The Ninth Symphony of Beethoven in Alejo Carpentier's", *The Lost Steps. Literature and the Other Arts. Proceedings of the IX Congress of the International Comparative Literature Association*, University of Innsbruck, 1981, pp. 283-287.

Diante desse quadro sinistro, a *Ode à Alegria*, composta por Schiller em 1784 para celebrar a alegria como força espiritual, inspiradora da fraternidade humana, e incorporada por Beethoven em 1824 ao quarto movimento da *Nona Sinfonia*, soa como amarga ironia. (A postura do narrador faz pensar nas ambigüidades da recepção e da história política do Prelúdio da *Ode à Alegria*[8]. Tomada como a "Marselhesa da Humanidade", hino à liberdade individual e símbolo utópico de uma concórdia universal, foi adotada como emblema da Comunidade Européia em 1972, da investidura de Mitterand em 1981 e da queda do muro de Berlim em 1989. Mas não se pode esquecer que os nazistas também se apropriaram da obra, associando-a à figura de um "Beethoven Führer".) Desiludido, o narrador volta-se para o mito pré-colombiano, contido numa segunda metáfora musical que inverte a primeira: "sinfonia telúrica, que também tinha seu andante e adágio entre jornadas de movimento presto", porém lida ao revés, "da direita para a esquerda, contra a clave de *sol*, retrocedendo até os compassos do gênese" (p. 180). Outras imagens musicais, associadas à cultura das Américas, envolvem instrumentos e composições primitivos, e a obsessiva preocupação do narrador com teorias sobre a origem da música e da arte em geral.

A sonhada viagem em direção à origem realiza-se quando do o curador do museu organográfico de uma universidade local propõe ao narrador, seu ex-aluno, uma expedição por terras indígenas, com o objetivo de conseguir algumas peças para completar preciosa coleção de instrumentos musicais de aborígenes americanos. Para o protagonista, a tarefa propicia a retomada de uma pesquisa sobre a organografia primitiva e sobre as origens da música, embasada pela teoria do mimetismo-mágico-rítmico, segundo a qual a música teria nascido da imitação da marcha de animais, ou do gorjeio de aves, visando atraí-los para o caçador. A interrupção da pesquisa pelo narrador coincidira com o abandono de outra tarefa: a com-

---

8. A respeito, ver Esteban Buch, *La Neuvième de Beethoven. Une histoire politique*, Paris, Gallimard, 1999. Também a resenha de Philippe-Jean Catinchi, em Livres de *Le Monde*, 7.5.1999.

posição de uma ambiciosa cantata sobre o poema de Shelley, *Prometheus Unbound*.

A narrativa da penosa viagem terrestre – que poderia ser realizada em apenas três horas de vôo entre a capital e a selva, mas que equivale a uma regressão, pelo imaginário, de 150 mil anos, rumo à pré-história – encadeia os repetidos equívocos do musicólogo. Sua ignorância do próprio país, sua ingênua crença na possibilidade de atingir a pureza da origem, conjuga-se com outros equívocos, inerentes à própria concepção de origem. Como o Prosper Merimée imaginado por Michel Serres em *Filosofia Mestiça*[9], o protagonista/narrador afirma descrever uma viagem real. Mas sua descrição retrata menos o território palmilhado que referências a velhos pressupostos, presentes em textos preservados no museu da capital. Limitado por essas construções, o musicólogo não encontra o que busca, não busca o que encontra.

Na primeira arrancada rumo ao interior, o resgate da cultura perdida ainda parece viável. Um cervo de nobre porte evoca totens, "antepassados míticos de homens por nascer". À margem de um rio imemorial vislumbra-se uma pedra com perfil de sáurio, mencionada nas crônicas seculares de Frei Servando de Castillejos. Entretanto, a selva é também o "mundo da mentira", do "falso semblante", de "pequenos espelhismos ao alcance da mão" (p. 160). A floresta já está contaminada por vestígios dos Conquistadores, sombras de "homens que haviam sido confundidos com centauros" (p. 115), esqueletos presos em armaduras, espadas, arcabuzes. As evidências questionam a existência, e até o valor, da pureza original sonhada. O musicólogo começa a se indagar se "o papel dessas terras na história não seria possibilitar, pela primeira vez, certas simbioses de culturas" (p. 119). Em meio a essas reflexões o grupo de viajantes aporta em uma comunidade que parece estacionada na Era Paleolítica. Ali, finalmente, numa choça, encontram-se os instrumentos procurados: o maracá ritual, trompas de chifre de veado, chocalhos e jogos de flautas. Entre todos, sobressai uma jarra sonora, que imita

9. Cf. Michel Serres, "O Mestiço Instruído, de Novo: Origem", *Fisosofia Mestiça*, Rio de Janeiro, Nova Fronteira, 1993, pp. 70-79.

o pio de pássaros para atrair outras aves. O instrumento parece confirmar a teoria do narrador, do mimetismo mágico rítmico, que explicaria a origem da música. Como a pintura rupestre, ela teria nascido de uma necessidade prática, a caça ao alimento. A missão parece cumprida. O musicólogo julga ter atingido a origem sonhada, a mítica Terra das Aves (p. 173).

O episódio convida o leitor a confrontar o tipo de música sugerida pelos instrumentos indígenas, figuração da mítica origem ameríndia, com a sinfonia de Beethoven, metáfora do mito europeu transmitido pelo pai do narrador. A música indígena sugere a harmonia do homem com a natureza: nesses termos, a própria arte, expressão da cultura, não passaria de uma forma de união com essa natureza, em busca da satisfação de necessidades vitais. A música indígena, assim imaginada, adequa-se ao mito do nobre selvagem, em perfeita comunhão com um mundo natural do qual é uma extensão harmoniosa. Em contraste, a sinfonia (no sentido mais amplo, uma sonata para orquestra), emergindo das mudanças estilísticas e contracorrentes características do barroco decadente e do clássico emergente, representa um microcosmo do desenvolvimento do estilo musical a partir de 1760[10]. Como metáfora musical, a sinfonia lembra a história da Europa moderna, cujas glórias o pai celebrara e cujas misérias, remontando ao período medieval, desiludiram o filho. O contraste parece favorecer o mito de origem ameríndia, que o narrador momentaneamente julga ver confirmado.

O prosseguimento da viagem contesta essa ilusão de autóctones e saberes inviolados. Mais no interior, outras tribos indígenas invertem a imagem do nobre selvagem. Fisicamente repelentes, ignorantes da agricultura, dominam, contudo, a arte da opressão e das construções legitimadoras, que haviam motivado a rejeição do musicólogo ao mito europeu: julgam-se raça superior, única e legítima dona da terra, mantendo cativos seres ainda mais miseráveis que eles. Sentindo escapar-lhe o segundo mito de origem, o narrador experimenta

---

10. Cf. Willi Appel, *The Harvard Dictionary of Music, op. cit.*, 822 ff.

uma espécie de vertigem ante a possibilidade de outras escalas de retrocesso, ao pensar que essas larvas humanas, de cujas virilhas sai um sexo erétil como o meu, não sejam ainda o último. Que possam existir, algures, cativos desses cativos, arvorados por sua vez em espécie superior, predileta e autorizada, que já não saibam roer nem os ossos deixados por seus cães, e disputem carniça com os abutres, uivem no cio, nas noites do cio, com urros de fera [p. 182][11].

Outras imagens agourentas confirmam essa visão. Surgem vegetações sinistras, "anteriores à pré-história", plantas rebeldes que, segundo Frei Pedro (outro integrante da expedição), haviam recusado servir de alimento ao homem, descendendo da "vegetação diabólica que rodeava o Paraíso Terrestre antes da Queda" (pp. 202-203).

A derrocada do mito de origem indígena coincide com outra desilusão, uma experiência emblemática, que convence o narrador da improcedência de sua teoria sobre a origem da música. Entre os índios mais primitivos, testemunha uma cerimônia ancestral – a tentativa de reanimar um morto. Da boca do feiticeiro sai "algo que ignora a vocalização, mas já é algo mais que palavra". É um treno, espécie de elegia plangente, em que a alternância entre duas configurações sonoras esboça um embrião de sonata (pp. 183 e 213). Acreditando assistir a um ritual evocativo do nascimento da música, o narrador rememora, para logo rejeitá-las, algumas teorias sobre o assunto. Convencido a descartar a hipótese do mimetismo mágico rítmico, que subordina a música primitiva à utilidade prática, rejeita também a teoria estético-imitativa, segundo a qual a música nasce de um desejo de imitação prazerosa do canto dos

11. Menos inocente que o narrador, o leitor pergunta até que ponto essa descrição de nativos monstruosos reflete uma construção européia, legitimadora da Conquista. Sem a intervenção salvadora do Conquistador, reza o discurso colonial, os nativos do Novo Mundo teriam permanecido condenados a múltiplas formas de monstruosidade, como o canibal de Montaigne e os antropófagos descritos por Othello. Cf. Miguel Rojas Mix, "Los Monstros. Mitos de Legitimatión de la Conquista", *América Latina. Palavra, Literatura, Cultura*, vol. I, Ana Pizarro (ed.), Campinas, Editora da Unicamp, 1993, pp. 123-150. Também W. Arens, *The Man-Eating Myth: Anthropology and Anthropophagy*, Oxford University Press, 1980; bem como Peter Hulme, "Columbus and the Cannibals", *Colonial Encounters. Europe and the Native Caribbean, 1492-1797*, London, Methuen, 1986, pp. 13-43.

pássaros. O musicólogo questiona ainda as "teses livrescas" que desconhecem as escalas singulares da música indígena, e postulam sua limitação a escalas pentafônicas. O ritual primitivo convence o narrador da veracidade das teorias de Platão e de antigos filósofos do Oriente: a música é a linguagem das paixões e emoções; nasce das experiências mais profundas da psique, aliadas à necessidade de expressão formal ritualizada, como aquela a que assiste, comandada pelo feiticeiro.

A nova postura estimula o protagonista a voltar a compor. Retomando seu mito individual de origem, a fé juvenil em sua competência de artista, inicia a composição de um treno, inspirado pelo ritual indígena. Essa tentativa de volta à origem é também frustrada. O fim da narrativa coincide com a perda da composição: confiada a Rosário – a companheira conquistada durante a viagem – a partitura permanece com a jovem no interior da selva, quando o narrador se vê forçado ao que acredita ser uma ausência temporária. O narrador parece ter dado um passo em direção à celebração da cultura mestiça, proposta por José Enrique Rodó em *Ariel*[12]. O amor pela bela Rosário, cristalização do desejo ancestral pelo outro, resume essa celebração. Rosário encarna um tríplice encontro racial: é "índia nos cabelos e nas maçãs do rosto, mediterrânea na testa e no nariz, negra na redondez dos ombros e na peculiar amplidão dos quadris". Concluindo que o Novo Mundo não detém o privilégio do hibridismo, apenas o exibe em forma diferente da encontrada no Velho Mundo, o narrador reflete que o sangue da amada não é "mais misturado que as raças que durante séculos se haviam mestiçado nas bacias mediterrâneas". Mas Rosário parece representar um tipo superior de hibridismo, próprio das Américas:

aqui não se haviam esparramado, na realidade, povos consangüíneos, como os que a história mesclara em certas encruzilhadas do mar de Ulisses, mas as grandes raças do mundo, as mais afastadas, as mais diversas, as que durante milênios permaneceram ignorantes de sua existência no planeta [pp. 82-83].

Quando tenta voltar e retomar com Rosário a vida interiorana, o narrador toma consciência de novos equívocos, e da

12. Sobre o nativismo, ver Said, *op. cit.*, pp. 275-276.

210

necessidade de renunciar a certas imagens arquetípicas, construções da fantasia masculina, que julgara encontrar na selva: a Esposa Exemplar, a Amante Fiel, A Mãe Ilibada. Percebe que confundira com submissão a alegre docilidade de Rosário. A amante que parecera "toda mulher, só mulher, fêmea cabal e inteira, sempre ao alcance do desejo" (p. 196), não corresponde na realidade a essa imagem, não aspira ao casamento, recusa submeter-se a "leis feitas por homens e não por mulheres" (p. 222). Quando o narrador volta à floresta, descobre que a Eva do paraíso indígena não está a sua espera, e já tem um novo companheiro: Rosário "não é Penélope" (p. 271). A estupefação do ex-amante diante dos fatos sublinha sua nostalgia por um passado que inclui a subordinação da mulher ao homem[13].

A essa desilusão sobrevem, entretanto, a aceitação, ainda que conflituosa, de uma América Latina onde diversos estratos culturais e históricos partilham o mesmo espaço. Renunciando a qualquer interpretação radical, o narrador esboça uma conclusão: "os mundos novos têm de ser vividos, antes de serem explicados" (p. 272). Parece ter finalmente admitido que, ao artista, mais que a qualquer outro, é vedado rejeitar a história e buscar refúgio no mito. Como prevenia Schiller: "já que não podemos voltar à Arcádia, a função do artista é conduzir ao futuro, onde está o Elísio"[14]. Há também que aceitar, com a América Latina atual, suas novas possibilidades musicais. Se tiver aprendido a lição, o narrador voltará a compor trilhas sonoras para filmes, palmilhando, afinal, os novos caminhos da arte de seu tempo.

---

13. Sobre a relação entre a nostalgia pelo passado e a opressão da mulher, cf. Trinh T. Minha-Há, *Woman, Native, Other. Writing Postcoloniality and Feminism*. Bloomington, Indiana University Press, 1989, especialmente p. 114.

14. Friedrich Schiller, *Naive and Sentimental Poetry*. A respeito, ver os comentários em Anthony Newcomb, "Narrative Archetypes in Mahler's Ninth Symphony", *Music and Text: Critical Inquiries, op. cit.*, pp. 131-132.

BIBLIOGRAFIA

ALBIN, Ricardo Cravo. *MPB, A História de um Século*. Rio de Janeiro, Funarte, 1997.

ALPERS, John. "Lyrical Modes". *Music and Text: Critical Inquiries*. SCHER, Steven Paul (ed.). Cambridge University Press, 1992, pp. 59-74.

ANDRADE, Mário de. "Terapêutica Musical". *Namoros com a Medicina*. São Paulo/Belo Horizonte, Martins/Itatiaia, 1980.

_____. *Modinhas Imperiais*. Belo Horizonte, Itatiaia, 1980.

_____. *Dicionário Musical Brasileiro*. Belo Horizonte, Itatiaia, 1989.

APEL, Willi. *The Harvard Dictionary of Music*. Cambridge, Massachussets, The Belknap Press of the Harvard University Press, second revised edition, 1972.

ARENS, W. *The Man-Eating Myth: Anthropology and Anthropophagy*. Oxford University Press, 1980.

AZIM, Firdous. *The Colonial Rise of the Novel*. London and New York, Routledge, 1993.

BARRICELLI, Jean-Pierre & GIBALDI, Joseph (eds.). *Interrelations of Literature*. New York, MLA, 1982.

Barros, José Américo de Miranda. *Relações Intersemióticas na Literatura Brasileira a partir de 1922*. Tese de doutoramento, inédita. Faculdade de Letras da Universidade Federal de Minas Gerais, 1993.

Barroso, Juan. "The Ninth Symphony of Beethoven in Alejo Carpentier's *The Lost Steps*". *Literature and the Other Arts. Proceedings of the IX Congress of the International Comparative Literature Association*. Konstantinovic, Zoran; Scher, Steven Paul e Weistein, Ulrich (eds.). University of Innsbruck, 1981, pp. 283-287.

Barthes, Roland. *S/Z. An Essay*. Trans. Richard Miller. Toronto, Collins Publishers, 1987.

Basilius, H. A. "Thomas Mann's Use of Musical Structure and Techniques in *Tonio Kröger*". *Literature and Music. Essays on Form*. Nancy Anne Cluck (ed.). Provo, Utah, Brigham Young University Press, 1981, pp. 152-174.

Becker, Judith e Becker, Alton. "Power and Meaning in Javanese Gamelan Music". *The Sign in Music and Literature*. Steiner, Wendy (ed.). Austin, The University of Texas Press, 1981, pp. 203-215.

Bellei, Sérgio Luiz Prado. *Nacionalidade e Literatura. Os Caminhos da Alteridade*. Florianópolis, Editora da Universidade Federal de Santa Catarina, 1992.

Bhabha, Homi K. "Signs Taken for Wonders. Questions of Ambivalence and Authority under a Tree outside Delhi, May 1817". *The Location of Culture*. London/New York, Routledge, 1994.

Blacking, John. "The Problem of 'Ethnic' Perceptions in the Semiotics of Music". *The Sign in Music and Literature*. Steiner, Wendy (ed.). Austin, University of Texas Press, 1981, pp. 184-194.

Bosi, Alfredo. "Antonil ou as Lágrimas da Mercadoria". *Dialética da Colonização*. São Paulo, Companhia das Letras, 1992, pp. 149-175.

Brown, Calvin S. *Music and Literature. A Comparison of the Arts*. Athens, University of Georgia Press, 1948.

_____. "The Relations between Music and Literature as a Field of Study". *Comparative Literature*, XXII (1970) 2, pp. 97-107.

_____. *Music and Literature*. London/Hanover, University Press of New England, 1987.

_____. "Theme and Variations as a Literary Form". *Literature and Music. Essays on Form*. Cluck, Nancy Anne (ed.), pp. 70-72.

Brown, Marshall. "Origins of Modernism: Musical Structures and Narrative Forms". *Music and Text: Critical Inquiries*. Scher,

Steven Paul. (ed.). Cambridge University Press, 1992, pp. 75-92.

BUCH, Esteban. *La Neuvième de Beethoven. Une histoire politique.* Paris, Gallimard, 1999.

CAGE, John. *Silence.* Middletown, CT, Wesleyan University Press, 1969.

CAMPOS, Haroldo de. "Odorico Mendes: O Patriarca da Transcriação. Introdução à *Odisséia* de Homero". Traduzida por Manuel Odorico Mendes. São Paulo, Edusp, 1992, pp. 9-14.

CARPENTIER, Alejo. *Los Pasos Perdidos.* Madrid, Allianza Editorial, 1996.

_____. *La Música en Cuba.* Cidade do México, Fondo de Cultura Económica, 1946.

CAZES, Henrique. *Choro. Do Quintal ao Municipal.* São Paulo, Editora 34, 1998.

CÉLIS, Raphaël (org.). *Littérature et Musique.* Bruxelles, Facultés Univesitaires Saint-Louis, 1982.

CESAR, Lígia Vieira. *Poesia e Política nas Canções de Bob Dylan e Chico Buarque.* São Carlos, Editora da Universidade de São Carlos, 1993.

CLUCK, Nancy Anne (ed.). *Literature and Music. Essays on Form.* Provo, Brigham Young University Press, 1981.

COEUROY, André. *Musique et Littérature. Études de Musique et de Littérature Comparées.* Paris, Librairie Bloud & Gay, 1923.

COOKE, Deryk. *The Language of Music.* London, Oxford University Press, 1959.

CUPERS, Jean-Louis. *Euterpe et Harpocrate ou le défi littéraire de la musique. Aspects méthodologiques de l'approche musico-littéraire.* Bruxelles, Publications des Facultés Universitaires Saint-Louis, 1988.

DUNCAN, Carol. *The Aesthetics of Power. Essays in Critical Art History.* Cambridge University Press, 1993.

DRAGONETTI, Roger. Le Mariage des Arts au Moyen Age. *Littérature et Musique.* CÉLIS, Raphaël (org.). Bruxelles, Facultés Universitaires Saint-Louis, 1982, pp. 59-73.

ECO, Umberto. *The Role of the Reader. Explorations in the Semiotics of Texts.* London, Hutchinson, 1983.

FABRINI, Ricardo Nascimento. *O Espaço de Lygia Clark.* Atlas, s/d.

FALTIN, Peter. *Bedeutung Aesthetischer Zeichen: Musik und Sprache.* Aachen, Reider, 1985.

FISH, Stanley. *Is There a Text in this Class? The Authority of Interpretive Communities.* Cambridge, Mass., 1980.

GONÇALVES, Aguinaldo José. "Relações Homológicas entre Literatura e Artes Plásticas". *Literatura e Sociedade.Revista de Teoria e Literatura Comparada*. São Paulo, Faculdade de Filosofia Letras e Ciências Humanas da USP, 1997, 2, pp. 58-68.

GRABBE, Paul. *The Story of a Hundred Symphonic Favourites*. New York, Grosset & Dunlap, 1940.

GREEN, Jon D. "Determining Valid Interart Analogies". *Teaching Literature and the Other Arts*. BARRICELLI, Jean-Pierre; GIRALDI, Joseph e LAUTER, Estella (eds.). New York, Modern Language Association (MLA), 1990, pp. 8-15.

GREWAL, Inderpal e KAPALN, Caren (eds.). *Scattered Hegemonies. Postmodernity and Transnational Feminist Practices*. Minneapolis, University of Minnesota Press, 1994.

GREY, Thomas. "Metaphorical Modes in Music Criticism: Image, Narrative and Idea". *Music and Text: Critical Inquiries*. SCHER, Steven Paul (ed.). Cambridge, New York, Cambridge University Press, 1992, pp. 93-117.

HAGSTRUM, Jean. *The Sister Arts: The Tradition of Literary Pictorialism in English Literature from Dryden to Gray*. The University of Chicago Press, 1985.

HAMM, Charles. "Privileging the Moment of Reception". *Music and Text: Critical Inquiries*. SCHER, Steven Paul (ed.). Cambridge, New York, Cambridge University Press, 1992, pp. 21-37.

_____. *História Geral da Arte*. Carrogio, S. A. De Ediciones, Ediciones del Prado, 1996.

HULME, Peter. "Columbus and the Cannibals". *Colonial Encounters. Europe and the Native Caribbean, 1492-1797*. London, Methuen, 1986, pp. 13-43.

ISER, Wolfgang. *The Implied Reader*. Baltimore, The John Hopkins University Press, 1974.

_____. *The Act of Reading. A Theory of Aesthetic Response*. Baltimore, The John Hopkins University Press, 1980.

JAUSS, Hans Robert. *A História da Literatura como Provocação à Teoria Literária*. Trad. de Sérgio Tellaroli. São Paulo, Ática, 1994.

JOURDAIN, Robert. *Música, Cérebro e Êxtase*. Trad. de Sônia Coutinho. Rio de Janeiro, Objetiva, 1998.

KAPLAN, Cora. Pandora's Box: Subjectivity, Class and Sexuality in Socialist Feminist Criticism. *Making a Difference: Feminist Literary Criticism*. GREENE, Gayle e KAPLAN, Coppélia (eds.). London/New York, Methuen, 1985, pp. 146-176.

KAUFFMAN, Helen L. *The Little Guide to Music Appreciation*. New York, Grosset & Dunlap, 1948.

KEILLER, Allan R. "Two Views of Musical Semiotics". *The Sign in*

Music and Literature. STEINER, Wendy (ed.). Austin, University of Texas Press, 1981, pp. 138-168.

KOWALKE, Kim H. "Brecht and Music: Theory and Practice". *The Cambridge Companion to Brecht.* THOMSON, Peter e SACKS, Glendyr (eds.). Cambridge University Press, 1994, pp. 218-234.

KRAMER, Lawrence. *Music and Poetry: The Nineteenth-Century and After.* Berkeley/Los Angeles, University of California Press, 1984.

_____. "Music and Representation: The Instance of Haydn's Creation". *Music and Text: Critical Inquiries.* SCHER, Steven Paul (ed.). Cambridge, New York, Cambridge University Press, 1992, pp. 139-162.

LANGER, Susanne K. *Philosophy in a New Key. A Study in the Symbolism of Reason, Rite and Art.* Cambridge, Massachusetts, Harvard University Press, 3ª ed., 1953. Trad. bras., São Paulo, Perspectiva, 1971.

_____. *Feeling and Form.* New York, Charles Scribner's Sons, 1953. Trad. bras., São Paulo, Perspectiva, 1980.

_____. "Deceptive Analogies: Specious and Real Relationships among the Arts". *Modern Culture and the Arts.* HALL, James B. e ULANOV, Barry (eds.). New York, McGraw Hill, 1972, pp. 22-31.

LAYOUN, Mary. "The Female Body and 'Transnational' Reproduction; Or Rape, by any other Name?". *Scattered Hegemonies. Postmodernity and Transnational Feminist Practices.* GREWAL, Inderpal e KAPLAN, Caren (orgs.). Minneapolis, University of Minnesota Press, 1994, pp. 63-75.

LEAL, Ana Maria Gottardi. "O Ritmo Fônico nos Sonetos de Jorge de Sena". *Poesia e Música.* DAGHLIAN, Carlos (org.). São Paulo, Perspectiva, 1985.

LÉVI-STRAUSS, Claude. *Olhar, Escutar, Ler.* São Paulo, Companhia das Letras, 1993.

LIDOV, David. "Technique and Signification in the Twelve-Tone Method". *The Sign in Music and Literature.* STEINER, Wendy (ed.). Austin, University of Texas Press, 1981, pp. 195-202.

LLEWELYN, R. T. "Parallel Attitudes to Form in Late Beethoven and Late Goethe: Throwing aside the Appearance of Art". In: CLUCK, Nancy Anne (ed.). *Literature and Music. Essays on Form.* Utah, Brigham Young University Press, 1981, pp. 242-252.

LOPEZ, Telê Porto Ancona. "Rapsódia e Resistência". *Macunaíma.* Florianópolis, Editora da UFSC, 1988, pp. 266-277.

MAGNANI, Sergio. *Expressão e Comunicação na Linguagem da Música.* Belo Horizonte, Editora da UFMG, 1996.

MANOEL, Antonio. "A Música na Primeira Poética de Mário de Andrade". *Poesia e Música.* DAGHLIAN, Carlos (org.). São Paulo, Perspectiva, 1989, pp. 15-47.

MARIN, Louis. *Etudes sémiologiques.* Paris, Klincksieck, 1971.

MARTIN, Serge. *Le Langage Musical: Sémiotique des Systèmes.* Paris, Klincksieck, 1978.

MENDES, Gilberto. "A Música". ÁVILA, Afonso (org.). *O Modernismo.* São Paulo, Perspectiva, 1975, pp. 126-138.

MINH-HÁ, Trinh T. *Woman, Native, Other. Writing Postcoloniality and Feminism.* Bloomington, Indiana University Press, 1989.

MIX, Miguel Rojas. "Los Monstros. Mitos de Legitimatión de la Conquista". *América Latina. Palavra, Literatura, Cultura,* vol. I. PIZARRO, Ana (org.). Campinas, Editora da Unicamp, 1993, pp. 123-150.

NATTIEZ, Jean-Jacques. *Fondements d'une Sémiologie de la Musique.* Paris, Union Générale des Editions, 1975.

NAVES, Santuza Cambraia. *O Violão Azul. Modernismo e Música Popular.* Rio de Janeiro, Editora Fundação Getúlio Vargas, 1998.

NEUBAUER, John. "Music and Literature: The Institutional Dimensions". *Music and Text: Critical Inquiries.* SCHER, Steven Paul (ed.). Cambridge, New York, Cambridge University Press, 1992, pp. 3-20.

_____. "On Music Theory and the Abandonment of Mimesis in Eighteenth-Century Literature". *Literature and the Other Arts.* KONSTANTINOVIC, Zoran; SCHER, Steven Paul e WEISSTEIN, Ulrich (eds.). University of Innsbruck, 1981, pp. 241-244.

NEWCOMB, Anthony. "Narrative Archetypes and Mahler's Ninth Symphony". *Music and Text: Critical Inquiries.* SCHER, Steven Paul (ed.). Cambridge, New York, Cambridge University Press, 1992, pp. 118-136.

NÖTH, Winfried (ed.). *A Handbook of Semiotics.* Bloomington, University of Indiana Press, 1990.

O'GORMAN, Edmund. *The Invention of America. An Inquiry into the Historical Nature of the New World and the Meaning of its History.* Bloomington, Indiana University Press, 1961.

OLIVEIRA, Solange Ribeiro de. *"Ut Pictura Poesis*: o Fio de uma Tradição". *Literatura e Artes Plásticas: O Künstlerroman na Ficção Contemporânea.* Editora da Universidade Federal de Ouro Preto, 1993, pp. 13-26.

_____. *De Mendigos e Malandros: Chico Buarque, Bertolt Brecht, John Gay – Uma Leitura Transcultural.* Ouro Preto, Editora da Universidade Federal de Ouro Preto, 1999.

_____. "The Meeting of Two Traditions in the Analysis of the

Künstleroman". *Comparative Literature Now: Theories and Practices. Selected papers.* Contributions choisies du Congrès Internationale de Littérature Comparée, tenu à l'Université d'Alberta en 1994. Totosy, Steven e Sywenky, Irene (eds.). Paris, Honoré Champion Éditeur, 1999, pp. 569-581.

Orlov, Henry. "Towards a Semiotics of Music". *The Sign in Music and Literature.* Steiner, Wendy (ed.). Austin, University of Texas Press, 1981, pp. 131-137.

Perlman, Alan M. e Greenblatt, Daniel. "Miles Davis Meets Noam Chomsky: Some Observations on Jazz Improvisation and Language Structure". *The Sign in Music and Literature.* Steiner, Wendy. (ed.). Austin, University of Texas Press, 1981, pp. 168-183.

Perrone, Charles. *Letras e Letras da MPB.* Rio de Janeiro, ELO, 1988.

Prawer, Siegbert. *Comparative Studies: An Introduction.* London, Duckworth, 1973.

Rabinowitz, Peter J. "Chord and Discourse: Listening through the Written Word". *Music and Text: Critical Inquiries.* Scher, Steven Paul (ed.). Cambridge, New York, Cambridge University Press, 1992, pp. 38-56.

Ramos, Maria Luiza. "*Maíra*: Leitura/Escritura". *Interfaces. Literatura Mito Inconsciente Cognição.* Belo Horizonte, Editora UFMG, 2000, pp. 141-164.

_____. *Fenomenologia da Obra Literária.* Rio de Janeiro/São Paulo, Forense, 1969.

Rice-Sayre, Laura e Sayre, Henry M. "Autonomy and Affinity: Toward a Theory for Comparing the Arts". *Bucknell Review,* vol. 24, n. 2, 1978, pp. 86-103.

Rosello, Mireille. "The Infiltrator Who Came in from the Inside: Making Room in Closed Systems". *Canadian Review of Comparative Literature/Révue Candienne de Littérature Comparée,* vol. XXII (2) 1995, pp. 241-254.

Ruwet, Nicolas. *Langage, Musique, Poésie.* Paris, Editions du Seuil, 1972.

Said, Edward. *Culture and Imperialism.* New York, Alfred A. Knopf, 1994.

Santiago, Silviano. "Democratização no Brasil. 1979-1981. (Cultura *versus* Arte)". *Declínio da Arte, Ascensão da Cultura.* Florianópolis, Livraria e Editora Obra Jurídica, 1998, pp. 11-24.

Scher, Steven Paul. "Comparing Literature and Music: Current Trends and Prospects in Critical Theory and Methodology". *Literature and the Other Arts. Proceedings of the IX Congress of the International Comparative Literature Association.* Konstantinovic, Zoran; Scher, Steven Paul e Weisstein, Ulrich (eds.). University of Innsbruck, 1981, pp. 215-221.

_____. *Music and Text: Critical Inquiries.* Cambridge University Press, 1992.

_____. "Literature and Music". *Interrelations of Literature.* Barricelli, Jean-Pierre & Gibaldi, Joseph (eds.). New York, MLA, 1982, pp. 225-250.

Schwartz, Roberto. "Nacional por Subtração". *Que Horas São?* São Paulo, Companhia das Letras, 1989, pp. 29-48.

Serres, Michel. "O Mestiço Instruído, de Novo: Origem". *Fisosofia Mestiça.* Rio de Janeiro, Nova Fronteira, 1993.

Sharpe, Jenny. "The Unspeakable Limits of Rape". *Colonial Discourse and Post-Colonial Theory.* Williams, Patrick e Chrisman, Laura (eds.). New York, Columbia University Press, 1994, pp. 196-220.

Silver, Brenda R. "Periphrasis, Power and Rape". *A Passage to India. Rape and Representation.* Higgins, Lynn e Silver, Brenda (eds.). New York, Columbia University Press, 1991.

Smith, Don Noel. Musical Form and Principles in the Scheme of Ulysses. *Literature and Music. Essays on Form.* Cluck, Nancy Anne (ed.), Provo, Utah, Brighan University Press, 1981, pp. 213-224.

Solie, Ruth A. "The Gendered Self in Schumman's *Frauenliebe* songs". *Music and Text: Critical Inquiries.* Scher, Steven P. (ed.). Cambridge, New York, Cambridge University Press, 1992, pp. 219-240.

Sontag, Susan. *Aids and its Metaphors.* London, Penguin, 1988.

Souza, Gilda de Mello. O Tupi e o Alaúde. *Uma Interpretação de Macunaíma.* São Paulo, Duas Cidades, 1979.

Spaethling, Robert. "Literature and Music". *Teaching Literature and Other Arts.* Barricelli, Jean-Paul; Gibaldi, Joseph e Lauter, Estella (eds.). New York, MLA, 1990.

Stanger, Claudia. "Literary and Musical Structuralism. An Approach to Interdisciplinary Criticism". *Literature and the Other Arts. Proceedings of the IX Congress of the International Comparative Literature Association.* Konstatinovic, Zoran; Scher, Steven Paul e Weisstein, Ulrich (eds.). University of Innsbruck, 1981, pp. 223-227.

Stanley, Patricia Haas. "Verbal Music". *Theory and Practice. Literature and Music. Essays on Form.* Cluck, Nancy Anne (ed.). Provo, Utah, Brigham Young University Press, 1981, pp. 44-51.

STEFANI, Gino. *Introduzzione alla semiotica della musica*. Palermo, Sellerio, 1976.

STEIN, Jack M. *Richard Wagner and the Synthesis of the Arts*. Westport, Conneticut, Greenwood Press Publishers, 1973.

STEINER, Wendy. *The Colors of Rhetoric: Problems in the Relation between Modern Literature and Painting*. University of Chicago Press, 1982.

SULEIMAN, Susan R. e CROSMAN, Inge (eds.). *The Reader in the Text*. New Jersey, Princeton University Press, 1980.

TINHORÃO, José Ramos. *História Social da Música Popular Brasileira*. Lisboa, Editorial Caminho, 1990.

_____. *Música Popular. Um Tema em Debate*. São Paulo, Editora 34, 199.

TOMPKINS, Jane. (ed.). *Reader Response Criticism. From Formalism to Post-Structuralism*. Baltimore, The John Hopkins University Press, 1981.

VARGAS, Augusto Tamayo. *Interpretações da América Latina. América Latina em sua Literatura*, MORENO, César Fernandes (org.). São Paulo, Perspectiva, 1972, pp. 455-477.

VIANNA, Hermano. *O Mistério do Samba*. Rio de Janeiro, Jorge Zahar Editor/Editora da UFRJ, 1995.

WEISSTEIN, Ulrich. "Literature and the Visual Arts". *Interrelations of Literature*. BARRICELLI, Jean-Pierre e GIBALDI, Joseph (eds.). New York, MLA, 1982, pp. 251-277.

_____. *Comparative Literature and Literary Theory: Survey and Introduction*. Tr. W. Riggan. Bllomington, Indiana University Press, 1973.

WILSON, Edmund. *Axel's Castle*. New York, Charles Scribner's Sons, 1943.

WISNIK, José Miguel. *O Som e o Sentido. Uma Outra História das Músicas*. São Paulo, Companhia das Letras, 1989.

YOUNG, Robert J. C. "Hybridity and Diaspora". *Colonial Desire: Hybridity in Theory, Culture and Race*. New York, Routledge, 1995, pp. 1-28.

ZAPPA, Regina. *Chico Buarque*. Rio de Janeiro, Relume Dumará, 1999.

LITERATURA NA PERSPECTIVA

A Poética de Maiakóvski
Boris Schnaiderman (D039)

*Etc... Etc... (Um Livro 100%
Brasileiro)*
Blaise Cendrars (D110)

A Poética do Silêncio
Modesto Carone (D151)

Uma Literatura nos Trópicos
Silviano Santiago (D155)

Poesia e Música
Antônio Manuel e outros
(D195)

A Voragem do Olhar
Regina Lúcia Pontieri (D214)

*Guimarães Rosa: As Paragens
Mágicas*
Irene Gilberto Simões (D216)

Borges & Guimarães
Vera Mascarenhas de Campos
(D218)

A Linguagem Liberada
Kathrin Holzermayr Rosenfield
(D221)

Tutaméia: Engenho e Arte
Vera Novis (D223)

O Poético: Magia e Iluminação
Álvaro Cardoso Gomes
(D228)

*História da Literatura e do
Teatro Alemães*
Anatol Rosenfeld (D255)

Letras Germânicas
Anatol Rosenfeld (D257)

Letras e Leituras
Anatol Rosenfeld (D260)

O Grau Zero do Escreviver
José Lino Grünewald (D285)

Literatura e Música
Solange Ribeiro de Oliveira
(D286)

*América Latina em sua
Literatura*
Unesco (E052)

Vanguarda e Cosmopolitismo
Jorge Schwartz (E082)

Poética em Ação
Roman Jakobson (E092)

Que é Literatura Comparada
Brunel, Pichois, Rousseau
(E115)

*Imigrantes Judeus / Escritores
Brasileiros*
Regina Igel (E156)

*Relações Literárias e Culturais
entre Rússia e Brasil*
Leonid Shur (EL32)

*O Romance Experimental e o
Naturalismo no Teatro*
Émile Zola (EL35)

Leão Tolstói
Máximo Górki (EL39)

Textos Críticos
Augusto Meyer e João
Alexandre Barbosa (org.)
(T004)

*Panorama do Movimento
Simbolista Brasileiro*
Andrade Muricy – 2 vols.
(T006)

Ensaios
Thomas Mann (T007)

*Caminhos do Decadentismo
Francês*
Fulvia M. L. Moretto (org.)
(T009)

*Aventuras de uma Língua
Errante*
J. Guinsburg (PERS)

Termos de Comparação
Zulmira Ribeiro Tavares (LSC)